数字经济时代背景下
财务会计管理研究

谈礼彦 ◎ 著

吉林出版集团股份有限公司

图书在版编目（CIP）数据

数字经济时代背景下财务会计管理研究 / 谈礼彦著
. — 长春：吉林出版集团股份有限公司，2024.6
ISBN 978-7-5731-5048-6

Ⅰ．①数… Ⅱ．①谈… Ⅲ．①财务会计－会计管理－
研究 Ⅳ．①F234.4

中国国家版本馆 CIP 数据核字（2024）第 104638 号

数字经济时代背景下财务会计管理研究

SHUZI JINGJI SHIDAI BEIJING XIA CAIWU KUAIJI GUANLI YANJIU

著　　者	谈礼彦
出版策划	崔文辉
责任编辑	王　媛
封面设计	文　一
出　　版	吉林出版集团股份有限公司
	（长春市福祉大路 5788 号，邮政编码：130118）
发　　行	吉林出版集团译文图书经营有限公司
	（http://shop34896900.taobao.com）
电　　话	总编办：0431-81629909　营销部：0431-81629880/81629900
印　　刷	廊坊市广阳区九洲印刷厂
开　　本	710mm×1000mm　　1/16
字　　数	210 千字
印　　张	13
版　　次	2024 年 6 月第 1 版
印　　次	2024 年 6 月第 1 次印刷
书　　号	ISBN 978-7-5731-5048-6
定　　价	78.00 元

如发现印装质量问题，影响阅读，请与印刷厂联系调换。电话 0316-2803040

前　言

数字经济时代，以大数据、云计算、人工智能等为代表的新兴技术不断涌现，不仅极大地提高了数据处理和分析的能力，也为财务会计管理带来了变革。一方面，这些技术的应用使得财务数据的收集、整理、分析和应用变得更加高效和准确，为企业提供了更为全面、精准的财务信息支持；另一方面，数字经济也对财务会计管理的理念、方法和模式提出了新的要求，促使企业不断创新和适应新的市场环境。

在这样的背景下，对数字经济时代背景下的财务会计管理进行研究，不仅具有重要的理论价值，更具有重要的实践意义。通过对数字经济时代财务会计管理的特点、发展趋势、挑战与机遇等进行深入分析，我们可以更好地把握数字经济时代财务会计管理的规律，为企业制定更为科学、合理的财务会计管理策略提供理论支持和实践指导。

本书旨在探讨数字经济时代背景下财务会计管理的相关问题，其内容从数字经济概述入手，介绍了数字经济时代对财务管理的影响，接着又从智能财务概述做出分析，并重点探讨了数字经济时代智能财务技术支撑与逻辑框架、"场景化应用＋组装式理念"的数智化业财融合能力平台构建以及数字经济时代智能财务人才培养实践。希望通过本书的研究，能够为企业的财务会计管理提供有益的参考和借鉴，推动企业在数字经济时代实现持续、健康的发展。

写作本书是一次新的探索，由于时间紧、任务重，书中的不足之处在所难免，敬请广大读者批评指正！本书引用了国内有关教材、书籍和论文的相关资料，对其作者深表感谢！

目　录

第一章　数字经济概述

第一节　数字经济产生的背景与意义

一、数字经济产生的背景

（一）世界各国积极搭乘数字经济发展快车

联合国贸易和发展会议（UNCTAD）在《2017年世界投资报告——投资和数字经济》中指出，数字经济是全球投资增长和发展的主要动力，它可以提升所有行业的竞争力，为商业和创业活动提供新机会，帮助企业进入国外市场和参与全球电子价值链，也为解决可持续发展问题提供了新的工具。麦肯锡全球研究院（MGI）发布的《中国的数字经济：全球领先力量》认为，中国是世界上几个最活跃的数字投资和创业生态系统之一，并认为中国数字市场的上升潜力比许多观察者预期的要大得多。数字经济正在成为全球经济发展的新动能。

（二）数字经济首次列入二十国集团（G20）峰会议题

2016年，中国作为二十国集团主席国，首次将"数字经济"列为二十国集团创新增长蓝图中的一项重要议题。2016年9月4日至5日举行的二十国集团杭州峰会上，通过了《二十国集团数字经济发展与合作倡议》（以下简称《倡议》），这是全球首个由多国领导人共同签署的数字经济政策文件。《倡议》敏锐地把握了数字化带来的历史性机遇，为世界经济摆脱低迷、重焕生机指明了新的方向，提供了新方案，带来了新希望。《倡议》阐述了数字经济的概念、意义和指导原则，提出了创新、伙伴关系、协同、灵活、包容、开放和有利的商业环境、注重信任和安全的信息流动等七大原则，明确了宽带接入、信息通信技术（ICT）投资、创业和数字化转型、电子商务合作、数字包容性、中小微企业发展等数字经济发展与合作的六大关键优先领域，在知识产权、尊重自主发展道路、数字经济政策制定、国际标准的开发使用、增强信心和信任、无线电频谱管理等六大领域中鼓励成员国加强政策制定和监管领域的交流，营造开放和安全的环境。面向未来，二十国集团鼓励成员开展多层次的交流，交流政策制定、立法经验和最佳实践，在培训和研究领域积极开展合作，与国际组织及其他团进行体积极互动，共同推动数字经济快速、健康发展。

（三）我国出台《促进大数据发展行动纲要》

2015 年 8 月 31 日国务院印发《促进大数据发展行动纲要》，提出我国互联网、移动互联网用户规模居全球第一，拥有丰富的数据资源和应用市场优势，大数据部分关键技术研发取得突破，涌现出一批互联网创新企业和创新应用，一些地方政府已启动大数据相关工作。坚持创新驱动发展，加快大数据部署，深化大数据应用，已成为稳增长、促改革、调结构、惠民生和推动政府治理能力现代化的内在需要和必然选择。在全球范围内，运用大数据推动经济发展、完善社会治理、提升政府服务和监管能力正成为趋势。有关发达国家相继制定并实施大数据的战略性文件，大力推动大数据的发展和应用。

二、中国发展数字经济的战略意义

2008 年全球金融危机之后，世界经济进入了深度调整、创新阶段。一方面是传统经济持续低迷、发展疲软；另一方面则是以互联网为基础的数字经济快速崛起，展现出十分强劲的生命力。这种新旧经济交替的壮阔图景在我国表现得更加清晰、明显。随着全球信息化步入全面渗透、跨界融合、加速创新、引领发展的新阶段，我国也借势进行深度布局，大力推动数字经济的发展，从而使其逐渐成为整体经济创新发展的强大引擎，并为全球经济复苏和优化发展提供借鉴和启发。数字经济是在计算机技术、互联网技术、通信技术等新一轮信息革命的基础上发展起来的，因此也被称为信息经济。对于正处在整体经济转型升级关键期的中国经济而言，发展数字经济显然具有十分重要的特殊意义，有利于推动新常态下我国经济发展和创新战略的实施。

（一）经济新常态需要发展新引擎

经过四十多年的高速增长，我国经济逐渐步入增速放缓、结构升级、动力转化的新常态阶段，整体发展环境、条件和诉求都发生了巨大改变。因此，如何认识、适应和引领新常态，打造经济发展新动能，成为我国实现经济跨越式发展的根本议题。

（二）信息革命推动社会生产生活方式的变革

从人类社会的发展历史来看，每一次产业革命都将实现社会生产力的巨大提升。农业革命推动人类从采集、捕猎转为种植、畜养，大大增强了人们的生存能力，使社会从野蛮、蒙昧时代进入文明时代；工业革命推动家庭作坊式的手工生产形态走向规模化的机器大生产，极大地提升了人类社会的生产能力，改变了以往物质匮乏的状况。同样，以计算机、互联网、通信等先进技术为代表的信息革命推动了社会生产生活方式的数字化、网络化、信息化、智能化。数字化工具、数字化生产、数字化产品等数字经济形态快速崛起，为新常态下我国经济发展提供了新动能。

（三）数字经济拥有广阔的发展前景

基于互联网信息革命发展起来的数字经济不仅深度释放了原有的社会生产力，也创造出了更具价值的全新生产力。数字经济的快速崛起和发展，大大提高了现代经济效益，推动了经济结构的转型升级，成为全球经济走向复苏与繁荣的重要驱动力量。2008 年以后，数字经济在全球经济整体发展疲软的大背景下逆流而上，呈现出巨大的发展活力：大数据、云计算、物联网、移动互联网、智能机器人、3D打印、无人驾驶、VR（虚拟现实）/AR（增强现实）等各种信息技术创新与应用不断涌现，在颠覆、重塑诸多传统产业的同时，也不断创造出新的产业、业态和模式。更令人期待的是，数字经济的发展才刚刚开始，当前所处的发展阶段只相当于工业革命中的蒸汽机时代；互联网文化的著名观察者凯文·凯利（Kevin Kelly）认为："今天才是第一天。"真正让人震撼的伟大产品还没有出现。

（四）发展数字经济成为国家战略选择

当前，欧美等发达国家都将发展数字经济提升到国家战略高度，如美国的工业互联网、德国的"工业4.0"、日本的机器人新战略、欧盟地区的数字经济战略等。面对新一轮的互联网信息化革命浪潮，我国政府根据基本国情和整体需要，提出了"网络强国"的发展战略，积极推进"数字中国"建设，使得数字经济上升到国家战略层面，成为新常态下经济结构转型升级和跃迁式发展的新动能。

三、中国发展数字经济的优势

目前，中国发展数字经济有着独特的优势和有利的条件，起步很快，势头良好，在多数领域开始形成与先行国家同台竞争的局面，未来在更多的领域具有领先发展的巨大潜力。

（一）信息基础设施基本形成

（1）建成了全球最大规模的宽带通信网络。

（2）网络能力得到持续提升。

（3）互联网用户优势酿造了中国数字经济的巨大潜能。

（二）数字经济全面渗透生产和生活的各个领域

（1）数字经济正在引领传统产业的转型升级。以制造业为例，工业机器人、3D 打印机等新装备、新技术在以长三角、珠三角等为主的中国制造业核心区域的应用明显加快，大数据、云计算、物联网等新的配套技术和生产方式开始得到大规模应用。

（2）数字经济开始融入城乡居民生活中。根据相关报告，网络环境的逐步完善和手机上网的迅速普及，使得移动互联网应用的需求不断被激发。2022 年，基础应用、商务交易、网络金融、网络娱乐、公共服务等个人应用发展日益丰富，其中线上支付增长尤为迅速，线上支付的线下场景不断丰富。各类互联网公共服务类应用均实现了用户规模增长。此外，数字经济正在变革治理体系，倒逼传统的监管制度和产业政策加快创新步伐。

（三）数字经济推动新业态和新模式不断涌现

（1）中国在多个领域已加入全球数字经济的领跑者行列。近年来，中国在电子商务、电子信息产品制造等诸多领域取得"单项冠军"的突出成就，一批信息技术企业和互联网企业进入世界前列。

（2）中国共享经济正在成为全球数字经济发展的排头兵。近日，国家信息中心正式发布《中国共享经济发展报告（2023）》，这是自 2016 年首次发布以来的第八份年度报告。报告指出，2022 年我国共享经济市场规模持续扩大，在增强经济发展韧性和稳岗稳就业方面继续发挥积极作用，共享经济主要领域亮点凸显。全年共享经济市场交易规模约 38320 亿元，同比增长约 3.9%。不同领域共享经济发展的不平衡性凸显，生活服务和共享医疗两个领域市场规模同比分别增长 8.4% 和 8.2%，增速较上年分别提高了 2.6 个百分点和 1.7 个百分点，呈现出持续快速发展的良好发展态势。受多种复杂因素影响，共享空间、共享住宿、交通出行三个领域共享经济市场规模显著下降，同比分别下降 37.7%、24.3% 和 14.2%。。

（3）中国电子商务继续保持快速发展的良好势头。电子商务是数字经济中发展规模最大、增长速度最快、覆盖范围最广、创业创新最为活跃的重要组成部分。发展电子商务对我国数字经济发展的重要性不言而喻。《中国电子商务报告（2022）》指出，2022 年，全国电子商务交易额达 43.83 万亿元，同比增长 3.5%；全国网上零售额达 13.79 万亿元，同比增长 4%；全国农村网络零售额达 2.17 万亿元，同比增长 3.6%；跨境电子商务进出口总额达 2.11 万亿元，同比增长 9.8%；电子商务服务业营收规模达 6.79 万亿元，同比增长 6.1%；电子商务从业人数达 6937.18 万人，同比增长 3.11%。

第二节　数字经济的内涵、基本特征与发展趋势

当今世界正发生着人类有史以来最为迅速、广泛、深刻的变化。以信息技术为代表的高新技术突飞猛进，以信息化和信息产业发展水平为主要特征的综合国力竞争日趋激烈。数字经济给经济发展和社会进步带来的深刻影响，引起了世界各国的普遍关注。发达国家和发展中国家都十分重视数字经济的发展，把加快推进信息化作为经济和社会发展的战略任务。

一、数字经济的概念与内涵

数字经济是继农业经济、工业经济之后的一种全新的经济社会发展形态，不同时期、不同学者或机构对数字经济的定义并不相同，目前还没有统一的定论。从字面意思上来理解，数字经济就是在数字技术的基础上形成的经济，是数据信息在网络中流行而产生的一种经济活动。大多数专家认为，数字经济是指一个经济系统。在这个系统中，数字技术被广泛使用并由此带来了整个经济环境和经济活动的根本变化。数字经济也是一个信息和商务活动都数字化的、全新的社会政治和经济系统。企业、消费者和政府之间通过网络进行的交易迅速增长。

（一）数字经济概念的起源与发展

数字经济（Digital Economy）的概念可以追溯到加拿大学者泰普斯科特（Tapscott）于 1995 年出版的《数据时代的经济学——对网络智能时代机遇

和风险的再思考》和美国学者尼葛洛庞帝（Negroponte）于 1996 年出版的《数字化生存》。两位学者都深入研究了互联网的出现对经济社会的冲击与影响。泰普斯科特首次提到数字经济时代，并前瞻性地提出了各行业、各企业数字化转型的路线图，包括对数字化创意开发、数字化流程实施、数字化产品设计、数字化制造和营销、数字支持型产品销售等方法。尼葛洛庞帝提出了"数字化生存是以信息技术为基础的新的生存方式"。在数字化环境中，生产力要素的数字化渗透、生产关系的数字化重构、经济活动的全面数字化等呈现出一种全新的社会生活方式。今天，我们仍然能够感受到两位学者对数字经济相关研究的前瞻性和洞察力。

但是，数字经济发展真正进入黄金时代的标志是智能手机和移动互联网的出现和快速渗透，伴随着移动接入端的快速膨胀，全球范围内的网络连接产生了巨大的数据量，催生了云计算、大数据等海量数据分析技术及处理平台。对经济社会发展中产生的海量数据进行分析和提炼，形成有价值的知识再在经济社会发展中使用，产生了大量的新业态、新模式，可以统称为"数字经济"。

数字经济通过人、过程和技术发生复杂关系而创造社会经济效益。在数字经济中，数字网络和通信基础设施提供一种全球化的平台促进个人和组织的相互交往、通信、合作和信息分享。英国政府为了实现本国数字经济的健康发展，在 2010 年 4 月 8 日颁布并实施了《数字经济法》，将音乐、游戏、电视与广播、移动通信、电子出版物等列入数字经济的范畴。

澳大利亚政府将数字经济视为促进生产、提高国际竞争地位、改善社会福利的必然选择。《澳大利亚的数字经济：未来的方向》一书认为，数字经济是通过互联网、移动电话和传感器网络等信息和通信技术实现经济和社会的全球性网络化。澳大利亚政府在《数字产业指南》中将内容制作、数字咨询或专业服务、数字广告公司、多媒体、流媒体服务、搜索技术、社交媒体等 24 个产业列入数字经济范畴。

2016 年 9 月二十国集团杭州峰会公布《二十国集团数字经济发展与合作

倡议》，对数字经济的定义是"以使用数字化的知识和信息作为关键生产要素，以现代信息网络作为重要载体，以信息通信技术的有效使用作为效率提升和经济结构优化的重要推动力的一系列经济活动"。

综合国际社会关于数字经济概念的研究成果，以及信息通信技术融合创新发展的实践，可以发现，数字经济是全社会信息活动的经济总和。理解数字经济有三个关键词：①信息是一切细化的事物，是与物质、能量相并列的人类赖以利用的基本生产要素之一。②信息活动是为了服务于人类经济社会发展而进行的信息生成、采集、编码、存储、传输、搜索、处理、使用等一切行为以及支持这些行为的信息通信技术的制造、服务与集成。③信息活动具有社会属性、媒体属性和经济属性，数字经济关注的信息活动的经济属性是信息活动的经济总和。

（二）数字经济的内涵

数字经济是互联网发展到成熟阶段后产生的经济形态，数字经济已经超越了信息产业范围和互联网技术范畴，具有更加丰富的内涵。

1. 数字经济是一种经济社会形态

数字经济是继农业经济、工业经济之后的一种新的经济社会发展形态，要站在人类经济社会形态演进的历史长河中看待数字经济的深刻长远影响。

2. 数字经济是一种基础设施

数字经济不仅存在于技术层面和工具层面，而且还是一种网络化的基础设施，像工业时代建立在电力、交通等物理基础设施之上一样，未来经济社会发展会建立在数字基础设施之上。传统基础设施在物联网技术支撑下也会全面实现数字化，进入"万物互联时代"。

3. 数字经济是一种技术经济范式

从科学技术发展史来看，数字技术是与蒸汽机、电力同等重要的"通用目的技术（GPT）"，必然会重塑整个经济和社会。数据成为最重要的生产要素，数字技术将重构各行各业的商业模式和营利方式。未来所有产业都是数字化产业，所有企业都是数字化企业。

二、数字经济的基本特征

数字经济受到三大定律的支配。第一个定律是梅特卡夫法则（Metcalfe's Law）：网络的价值等于其节点数的平方，所以，网络上联网的计算机越多，每台计算机的价值就越大。第二个定律是摩尔定律（Moore's Law）：计算机硅芯片的处理能力每 18 个月就翻一番。第三个定律是达维多定律（Davidow's Law）：进入市场的第一代产品能够自动获得 50% 的市场份额，所以，任何企业在本产业中必须第一个淘汰自己的产品。实际上，达维多定律体现的是网络经济中的"马太效应"。这三大定律决定了数字经济具有以下 5 个基本特征：

（一）数字化

数字化是指以二进制的形式表示和处理信息，将包括文字、图片、视频、声音等在内的诸多信息转化为计算机能够读取、处理和传输的二进制代码。20 世纪中叶，计算机的发明标志着数字化的起步。这一时期主要的商业模式是芯片生产和制造、计算机生产和制造、操作系统开发、相关软件开发等。虽然大部分信息都能以数字化的形式表示出来，但数字化的进程远未结束，还有大量信息和设备游离在数字系统之外。

在共享经济时代，为促进数字经济发展，必须通过延伸共享经济领域推动传统产业向数字化转型，从而利用数字技术推动共享经济与数字经济的深度融合和创新；鼓励共享经济深度发展，拓宽应用领域，为其与数字经济融合提供条件。伴随着信息技术尤其是"互联网 +"的发展，共享经济模式成为创业的首要选择。从餐饮住宿、金融借贷、交通出行、医疗保健到房屋租赁、科研实验、创意设计等，在更多领域与数字经济开展融合，从而促进共享经济和数字经济的双向发展。

（二）网络化

网络化是指通过信息通信技术实现人与人、人与物、物与物之间的实时连接。20世纪60年代末，互联网的诞生是网络化的萌芽。20世纪90年代以后，互联网的全球普及为数字经济发展构筑了至关重要的基础。除了互联网以外，物联网也在快速成长。

全球网络空间治理体系要想实现深度变革，就离不开数字经济。换句话说，准确地定位和聚焦于数字经济，回答了推进全球网络空间治理体系变革是为了什么的问题。即以数字经济为驱动力，推动网络空间开放、合作、交流、共享，让互联网更好地助力经济发展、社会进步、生活改善，做到发展共同推进、安全共同维护、治理共同参与、成果共同分享。

（三）智能化

自2015年以来，人工智能研究在多个领域实现突破，数字经济进入以智能化为核心的发展阶段。目前，其商业模式主要集中在单一的弱人工智能应用上，包括语音识别、自动驾驶、机器人写稿、图像识别、医疗辅助等诸多领域。未来，智能化技术发展将对数字经济发展产生质变效应，推动人类生产和生活方式的新变革。

利用共享时代的优势，加快传统企业的数字化转型将是未来所有企业的核心战略。在共享时代，应利用个人、企业、政府甚至社会的闲置资源，依靠互联网、大数据、云计算等数字技术，推动传统企业向数字化转型发展。传统企业依靠"互联网＋企业"的模式，应用数据化思维，建立连接内外资源、协作共享的机制，通过建立数字化的协同平台以及资源、财务、法务共享平台，实现互联互通，做到精细化管理，最终实现传统企业的智能化发展。

（四）商业化

数字经济将会对众多产业造成颠覆性影响，传统商业模式已不能满足经济发展需要，因此，未来必须重新构建商业模式。在共享时代，数字资源的"共享价值"超过了"交换价值"，社会资本将会与金融资本处在同等重要的位置，合作共赢将会超越竞争，商品使用权将会超越所有权，可持续性替代消费主义，一系列的变化推动着新商业模式的出现。数字经济将会以大数据、云计算、互联网和人工智能为线索，在传统商业模式的基础上进行重新设计，构筑依靠数字产品横向延伸价值链和依靠数字技术纵向衍生产业链的基本商业模式，以及依靠数字技术驱动的跨行业、跨区域的商业模式。

（五）共享化

首先，共享时代要求数字资源的共享性。数字经济的一大发展方向应不断拓展数字信息资源，发展关于数字技术的集成、存储、分析和交易业务，在共享时代下释放数字技术资源的新价值。其次，共享时代需要数字技术与产业融合发展，以便创造出更多的商业发展模式。数字技术与产业融合成为数字经济的重要发展方向，通过产业融合实现产业数字化、智能化，使产业的边界逐渐模糊，最终形成产业开放化发展以及产业向价值网络的转型升级。最后，共享时代要求数字经济发展具有强大的服务功能，由此才能带动对共享商业模式的更多需求。融合服务业与数字技术发展的服务型数字产业是共享时代数字经济发展的重要方向，也体现出数字经济在共享时代的应用性。以数字技术为基础的数字金融、智能支付、智慧物流、智慧健康、电子商务、数字信息服务等服务型产业将在共享时代得到迅猛发展。

三、数字经济的类型

数字经济是以数字化信息为关键资源，以信息网络为依托，通过信息通信技术与其他领域紧密融合，形成了以下 5 个类型：

（一）基础型数字经济

传统的信息产业构成了基础型数字经济，它是数字经济的内核。

（二）融合型数字经济

信息采集、传输、存储、处理等信息设备不断融入传统产业的生产、销售、流通、服务等各个环节，形成了新的生产组织方式。传统产业中的信息资本存量带来的产出增长份额构成了融合型数字经济。

（三）效率型数字经济

信息通信技术在传统产业得到普及，促进全要素生产率提高而带来的产出增长份额，构成了效率型数字经济。

（四）新生型数字经济

信息通信技术的发展不断催生出新技术、新产品、新业态，称为新生型数字经济。

（五）福利型数字经济

信息通信技术普及所带来的消费者剩余和社会福利等正向外部效应，构成了福利型数字经济。

四、数字经济未来的发展趋势

数字经济与共享经济的融合推动了共享时代的发展。同时，共享时代也对数字经济发展提出了新的要求，使之有别于传统的发展模式，呈现出新的发展趋势。

（一）数字经济的内涵外延将持续快速扩展

当前全球对数字资源重要性的认识、全球数字技术的创新发展等已非昔日可比，诞生了云计算、物联网、大数据、人工智能、虚拟现实等新技术、新应用以及平台经济、共享经济等新模式、新业态。可以说，今天所说的数字经济，实际上是一种"新数字经济"。未来，随着技术的发展、模式的创新和认识的提升，数字经济的内涵将会进一步扩展。

（二）需求增长将鼓足数字经济发展动力

从消费层面看，我国正处于消费升级期，数字消费成为消费的重点。从产业层面看，我国正处于产业升级期，大数据成为与土地、劳动等同等重要的生产要素，智能制造正在引发新一轮的制造业变革，数字化、虚拟化、智能化技术将贯穿产品的整个生命周期，云计算、大数据、物联网技术等将加快向传统行业的渗透和切入，产业升级需求将孕育更加广阔的市场空间。从创新层面看，数字经济将成为创新创业的重要领域，具有一定规模的智力资源、资金资源将涌入数字经济领域中，为其发展注入持续动力。

（三）政策创新将优化数字经济发展环境

在后金融危机时代，各个国家都在数字经济领域发力，试图加快经济转型，实现可持续发展。我国也持续推出了多个规划、指导意见，以加快推动大数据、互联网等数字经济领域的发展。国家对数字经济的重视将推动相关产业政策的创新，从而进一步优化数字经济的发展环境。

（四）数字经济发展将加速完善保障支撑

推动数字经济发展，需注重配套的保障建设。在基础保障方面，将进一步推进宽带网络升级、提高互联网普及率、发展新型应用基础设施。在创新保障方面，将加快信息技术创新步伐，推动数字技术与各领域的协同创新，打造公共创新服务载体，优化创业创新孵化空间。在安全保障方面，将加快建设关键信息基础设施安全保障体系，增强网络空间安全防御能力，加强数据资源和用户信息安全防护。在统计保障方面，将探索建设适应数字经济特点的统计体系，使数字经济发展成果可见、可观，为数字经济的进一步发展鼓足干劲儿。

（五）数字红利共享机制建设将加速推进

要实现共享发展就要让数字经济发展的红利实现普惠性释放，为此需要推进打造相关机制，如数字就业促进机制、数字技能提升机制、数字精准扶贫机制、数字政府强效机制等。

（六）数字经济与资本的关系将更加密切

信息技术、互联网、云计算、大数据等已成为资本市场瞩目的焦点。未来，随着数字经济的发展，数字经济与资本的关系将更加密切。一方面，资本市场的大力支持将推动数字经济的发展；另一方面，数字经济的发展将提升效率，对资本市场的长远发展产生积极影响。

（七）数字经济将成为推动经济全球化的新平台

数字经济本身就是全球经济，能够扩大贸易空间，提高资本利用效率，在促进市场竞争的同时催生创新。随着数字经济的发展，数字经济将给世界各国带来新的全球化平台，各国有望通过数字市场的不断开放，加速国内市场与国际市场间相互融合，实现互利共赢。

第三节　数字技术及其应用发展迅猛

数字经济想要在中国落地，需要动员各界的力量，运用数字技术来解决问题。"互联网+"是一个技术手段，数字经济是结果。作为数字经济发展的依托，信息通信技术产业是一个相对宽泛的概念，目前正以互联网、大数据、云计算、人工智能、区块链等技术为发展热点，为数字经济发展提供了技术条件和产业基础。

一、互联网发展基本面向好

（一）全球互联网用户渗透率将近过半

据互联网数据统计机构世界互联网统计中心（Internet World Stats）的数据，冰岛、丹麦、荷兰、挪威、塞浦路斯等国家的互联网普及率已超过95%，"国民即网民"的局面加速来临。

（二）互联网终端进入后移动时代

十多年来，移动互联网高歌猛进，极大地颠覆了传统互联网的商业模式，催生了共享经济、O2O（离线商务模式）等诸多新业态。移动互联网成为互联网产业发展的主要基础设施。

二、人工智能进入发展的黄金阶段

1956 年，麦卡锡（McCarthy）、香农（Shannon）等 10 位年轻学者在达特茅斯夏季人工智能研究会议上首次提出了人工智能（Artificial Intelligence，AI）的概念。60 多年来，人工智能的发展起起伏伏。10 位科学家中的最后一位——明斯基（Minsky）也在 2016 年初离开人世。

2016 年是一个旧时代的结束，也是新时代的开端。2016 年 3 月，AlphaGo（阿尔法围棋）战胜韩国围棋九段李世石，震惊世界，迅速引发了人们对人工智能的关注。受到广泛关注背后的深层次原因是，新一轮的技术创新把人工智能发展带上了快车道。由于随处可见的互联网、大数据和传感器，基于云平台的大规模计算能力，以及算法的重大突破，计算机已经可以凭借深度学习来独立完成更为复杂的任务，人工智能已经无处不在。

（一）世界各国纷纷出台人工智能战略

美国是信息技术的起源地，引领着人工智能的发展。自 2013 年开始，美国就发布了多项人工智能计划，2016 年更是加紧了对人工智能的布局。美国国防部高度重视人工智能技术，认为人机协作是第三次抵消战略中的"高科技圣杯"，并于 2015 年在硅谷新成立的 DIUx 外设办公室，以加强与新兴创新企业的合作。作为互联网的发明者，美国国防高级研究计划局（DARPA）正在加快研究人工智能技术，在 2016 年 8 月发布了"可解释的人工智能"（XAI）项目广泛机构公告。除国防领域外，美国白宫在 2016 年 10 月发布《为未来人工智能做好准备》和《国家人工智能研究与发展策略规划》两份重要文件，12 月跟进发布《人工智能、自动化与经济》报告，从而将人工智能上升到了国家战略层面，为美国人工智能的发展制订了宏伟的计划和发展蓝图。

除美国外，2016 年多国政府也发布了相关发展战略与计划。例如，英国政府发布《人工智能：未来决策制定的机遇与影响》的报告；日本文部科学省确定了"人工智能 / 大数据 / 物联网 / 网络安全综合项目"（AIP 项目）

2016 年度战略目标,《日本再兴战略 2016》将人工智能的发展列为十大复兴战略之首;中国发布《机器人产业发展规划(2016—2020 年)》和《"互联网 +"人工智能三年行动实施方案》。在 2016 年之前,欧盟也发布了《欧盟人脑计划》。

(二)人工智能成为科技巨头的战略支点

当前,移动互联网发展红利逐步消失,后移动时代已经来临。科技巨头纷纷把人工智能作为后移动时代的战略支点,努力在云端建立人工智能服务的生态系统。

在国内,百度布局人工智能的时间较早,2013 年就成立了深度学习研究院和硅谷人工智能实验室。2016 年 9 月,百度发布百度大脑,在发布会上李彦宏强调:人工智能将是百度核心中的核心。腾讯公司也成立了人工智能实验室,聚焦自然语言处理、语音识别、机器学习、计算机视觉等四大发展方向。

(三)顶尖人才争夺战激烈上演

人工智能的发展离不开顶尖的科学家。而全球顶尖的人工智能人才十分稀少,仅有寥寥几十人,且主要分布在以卡耐基·梅隆大学、斯坦福大学为代表的高校院所。科技公司对人工智能人才的争夺日益激烈。它们不惜花费重金,开出的薪资待遇堪比美国国家橄榄球联盟(NFL)球星的签约费。

三、区块链创造信任促进价值全球流动

区块链技术起源于化名为"中本聪"(Satoshi Nakamoto)的学者在 2008 年发表的奠基性论文《比特币:一种点对点的电子现金系统》。区块链给传统的分布式系统赋予了一种崭新的、更加广泛的协作模式,解决了点对点的对等网络下的数据一致性问题。与基于单一信用背后实体的传统信任机制不同,区块链技术创建了一种基于公认算法的新型信任机制。由于算法具有客观性,即使网络中存在恶意节点,也能保证达成共识,实现业务的正确处理。这便是区块链技术带来的显著价值,可使多个行业领域受益。

（一）世界各国十分重视区块链发展

作为比特币的基础技术，区块链的发展道路充满了曲折和艰辛。最初，各国监管机构对比特币的监管和效率问题评价不一，经过一段时间之后才普遍认识到区块链技术在未来公共服务提供、经济体制变革、社会生活机制优化完善上存在巨大的潜在应用价值。随着各国政府对于区块链认知的不断提高，各国政府相关部门纷纷从国家战略层面对区块链的发展予以关注和推动，力求在未来区块链的技术发展中占据领先地位。

从国际组织来看，联合国社会发展研究所（UNRISD）在2016年初发布了《加密货币以及区块链技术在建立稳定金融体系中的作用》报告，提出了关于利用区块链技术构建一个更加稳固的金融体系的想法，并认为区块链技术在改善国际汇兑、国际结算、国际经济合作等领域有着很大的应用发展空间；国际货币基金组织（IMF）也针对各国关注的数字货币问题发布了《关于加密货币的探讨》的报告，对基于区块链技术的加密货币的未来发展进行了具体的分析和阐述。

在美洲，多个监管机构从各自的监管领域表明了对区块链技术发展的支持态度。

在欧洲，英国政府在2016年初发布了一份关于分布式账本技术的研究报告，第一次从国家层面上对区块链技术的未来发展和应用进行了全面分析并给出了研究建议。

在亚太地区，澳大利亚中央银行表态支持银行对分布式账本技术进行积极探索，提议全面发行数字货币澳元，充分利用区块链技术的优势来革新传统的金融服务。在我国，中国人民银行和工信部等部门也在积极探讨并推动区块链技术和应用发展，以促进其价值发挥，提早防范风险。

（二）区块链存在的安全隐患

区块链技术，尽管在多个领域展现出了其独特的价值和潜力，但同样面临着一系列安全隐患。以下是一些主要的区块链安全隐患：

1. 智能合约漏洞：智能合约是区块链应用程序的核心，但它们的编程错误或安全漏洞可能导致合约被攻击或滥用。这些漏洞可能被利用来窃取资金、篡改数据或执行未经授权的操作。

2. 钱包安全：区块链钱包是存储和管理加密货币的关键工具。然而，钱包可能受到社交工程攻击、恶意软件感染或私钥泄露的威胁，从而导致资金损失。

3. 交易隐私：虽然区块链上的交易是公开透明的，但用户的身份和与交易相关的个人信息通常是匿名的。然而，如果一些恶意矿工达成共识，他们可能禁止其他矿工接入网络或篡改交易，从而威胁到交易的隐私性。

4. 反重放攻击：当两个区块链网络拆分后，攻击者可能会在一个网络上进行交易，并将该交易重放到另一个网络中，从而实现非法双花。

5. 量子计算攻击：随着量子计算技术的发展，传统的加密算法可能面临被破解的风险。如果攻击者拥有量子计算机，他们可能破解区块链中的加密算法，从而篡改交易或窃取资金。

6. 网络安全防护的漏洞：区块链网络本身也可能存在安全漏洞，如 DDoS 攻击、钓鱼攻击和恶意软件攻击等。这些攻击可能导致网络瘫痪、数据泄露或资金损失。

为了应对这些安全隐患，需要采取一系列措施来加强区块链的安全防护。例如，提高智能合约的编程质量和安全性、加强钱包的安全防护、保护交易隐私、防止反重放攻击、研发抗量子计算的加密算法以及加强网络安全防护等。同时，也需要建立完善的监管机制和法律法规来规范区块链的发展和应用。

第四节　数字经济时代会计教育转型与职业发展规划

当今世界科技创新和产业变革日新月异，数字技术正以新理念、新业态、新模式全面融入人类经济、政治、文化、社会、生态文明建设的各领域和全过程中，使得万物皆数据变成现实。数字技术打破了信息技术和经济发展的边界，实现了与实体经济的深度融合。以"大智移云物区"为核心驱动的现代信息技术蓬勃发展，并将其触角延伸至生产、生活的各领域，也带动了会计行业的发展和变革，赋予其在数字经济时代背景下新的内涵和模式。从会计电算化发展而来，全面推进的会计信息化工作正向着会计自动化、智能化方向发展。新一代企业资源计划系统（ERP）、机器人流程自动化（RPA）正逐渐代替大量标准化的基础性会计核算工作，电子发票与电子档案实现财务无纸化办公，大数据技术、数据中台将会计职能从侧重基础核算扩展至预算、分析、决策等。受新一轮信息技术革命以及经济转型升级和创新发展中新的商业模式的影响，会计工作在职能职责、组织方式、处理流程、工具手段等方面发生着重大且深刻的变化。为了适应新一轮科技变革和我国经济社会发展的客观需要，财政部《会计改革与发展"十四五"规划纲要》明确提出要积极推动会计工作数字化转型，以数字化为支撑来实现会计职能的深化拓展，推动会计工作的高质量发展。在此背景下，理清新时代数字经济发展产生的新业态、新模式，以及新兴信息技术发展对传统会计行业、会计从业人员、高校会计教育与人才培养的影响，重新定位应用型高校会计专业人才的培养目标和培养方案，并为新时代高质量发展中会计从业人员的职业规划提出有针对性的建议，有助于培养适应时代发展需要、契合财会领域转型升级要求的专业复合型人才。

一、数字经济发展对会计行业产生深远影响

（一）数字经济发展重塑会计工作场景

在数字经济发展的渗透下，产业数字化与数字产业化深度融合，推动产业变革和商业模式转型升级，催生出新的财务工作环境。对此，宝洁公司总裁罗伯特·麦克唐纳（Robert A. McDonald）最先提出"乌卡时代"（VUCA）来描述新的商业世界格局。VUCA即易变不稳定（volatile）、不确定（uncertain）、复杂（complex）和模糊（ambiguous），形容企业经营管理环境面临的高度不确定性和不稳定性。复杂多变的经营环境打破了企业原本稳定的"金字塔"式结构组织，使得内部各部门之间互联互通，逐渐向分层扁平化的管理模式演变。相应地，企业战略协作层面也提出了"数智化""精准化""实时化"的要求，成为提升"业务—财务—决策"各管理模块适配性的重要保障。而传统的财务体系侧重对事后的财务管理，存在信息滞后、决策滞后、行动滞后等突出矛盾，与新兴业务发展不适配，亟待向以管理会计为核心的战略财务、业务财务和数字化财务转型。通过将更强调会计从业人员主体作用的管理会计与数智技术相结合，为实现业财融合乃至技财融合、人财融合构建联系。大数据、人工智能等数智技术与会计的有力融合，不仅促进了核算与分析的耦合，同时智能平台还可以集成税务、财政、金融系统，实现会计核算、会计管理与经济业务的实时、深度链接，对于推动企业高质量发展、创造企业价值具有重要意义。

实施国家大数据战略、建设数字中国的国家层面战略要求为信息技术与会计发展的深度融合提供坚实的保障。人工智能、区块链等新兴信息技术在会计信息系统中的应用不仅促进了会计核算职能的标准化、流程化、集中化，而且还将会计职能在战略管理、营运管理和风险管理中的更大价值发挥了出来，实现了企业财务部门的核心价值由核算财务向业务财务、战略财务转型。电子档案、电子发票技术的大力推进使得无纸化办公逐步落地，实现

了信息采集、传递与管理全流程自动化，在降低经营成本、提高审签效率的同时，使会计档案向精细化管理方向发展。大数据技术在会计行业的应用使财务数据与业务数据精准对接，全面反映数据价值；数据实时传递成为可能，弥补了传统财务报告依赖事后反映的局限，数据内容由结构化的财务数据拓展为趋于全面的半结构化和非结构化数据。区块链技术改变审计数据的存储方式，将推动审计工作从抽样审计变为总体分析审计，减少由审计样本推断整体的不确定性，更系统、更全面地反映被审计单位的总体情况。

信息技术的深化应用重塑了会计工作场景，使会计从业人员的工作内容和方式产生了重大变化。

（二）信息技术进步推动会计从业人员转型

在数智技术驱动下会计信息化工作蓬勃发展，会计从业人员的工作重点由注重基础核算转向财务共享、智能财务、会计数据处理以及满足企业国际化发展要求，传统会计核算岗位的社会需求正在锐减。在信息化时代，业务与财务的边界逐渐模糊，传统结构化数据以外的半结构化数据、非结构化数据的价值逐渐浮现并受到重视，重要性日益凸显。企业财务数据与业务数据互联互通，数据分析、判断、处理支撑财务分析、决策正逐渐成为财务人员的基础工作，财务人员从数字的记录者、核算者转型成为数字的组织者、挖掘者，向管理型、数智化人才转型成为必然趋势。

在数字经济环境下，会计从业人员的工作重点和工作价值发生深刻的变化，亟须向数字化、复合型方向转型。首先，会计工作重点由基础核算转向公司战略、风险管理、财务分析等。基础性会计核算工作的自动化、智能化处理已通过信息技术的深化应用基本实现。会计工作重点从事中记账算账、事后报账延伸至预算、控制与监督、分析、决策的全价值流程管理模式。其次，会计从业人员通过财务分析与决策使会计信息发挥更大价值。会计从业人员的工作价值不再仅仅是记录与核算会计信息，更多的是要通过财务分析参与企业综合管理并提供专业决策，为会计信息增值并创造更高的效能。智能财务系统将全面覆盖企业会计流程，代替大量标准化、规范化、重复性强的基础核算工作；同时，掌握深度自主学习功能，将积累的工作经验转化成机器思维逻辑，逐步实现人机协同。最后，数字技能成为必备技能。在数字经济深化、发展的未来，数字技能的熟练运用与掌握扎实的财会专业技能同样重要。要将数字技能与专业技能贯通融合，广泛运用在财务数据的采集、处理、传递、分析和决策等环节中，形成更加便捷、高效，能够实时开展，具有持续性、动态化的一系列财务活动，为最终的信息决策目标提供更加科学、更加系统的支撑。

（三）会计行业变革为会计教育提供了新思路

会计行业环境发生的深刻变化要求会计人才具备综合性的能力素质、复合性的知识结构，为数字经济时代会计人才的培养明确了思路和方向。传统财务工作的重点主要集中于劳动密集型财务、单维价值信息反映与滞后分析，会计从业人员往往仅了解会计、税务、法律等垂直领域的知识，对企业整体的经营活动缺乏全面的把握，极少掌握处理企业海量数据的数字挖掘、加工和分析能力。这类会计从业人员在数字经济时代，难以利用会计手段将财务管理与信息科技、数字资源有效融合进而拓展与实现会计职能及战略价值。因此，为发挥会计的决策功能，会计从业人员必须提升综合素质，以满足未来智能化财务管理岗位的需求。跨界融合、以人为本、创新驱动是数智时代的重要特征。洞察数据、为企业创造价值是未来会计技能型复合人才培养的核心。会计从业人员不仅要懂业务、数据、分析、工具，而且还要掌握管理学、统计学、运筹学、金融学等延伸领域的知识。专业知识的融合性和职业技能的多元性，对创新与变革管理会计人才培养模式提出了挑战，对现行会计人才培养寻求学科交叉、跨界融合等方面的突破提出了更高的要求。

二、数字经济时代的会计教育转型与人才培养路径

数字经济在各行业的渗透应用对会计理论与实务形成了冲击，也为会计人才创造了新的机遇与挑战。会计从业人员的定位由核算型向业务型、管理型、战略型的价值创造者转变，由重视专业教育转为注重财务信息资源的运用、财务战略思维的培养，其具备的技能也相应地由单一的专业技能向多元化综合能力转变。为满足大数据技术高速发展背景下经济社会发展对会计数据分析和会计管理决策的需求，会计教育与人才培养应秉持"高素质、厚基础、宽口径、强能力、重实践"的培养原则，重视会计学科知识与信息技术能力、分析决策能力与创新能力的交叉融合，实现培养应用复合型人才的会计教育改革和创新。

（一）重教育——加强课程教学和教师团队建设

为培养能够适应社会发展需求的会计人才，高校应结合我国教育改革的战略与总体思路，以信息技术带来的颠覆性智能革命为契机，制定切实可行且能动态调适的会计专业人才培养方略，科学把握数字经济时代中会计学科的定位，全面统筹会计专业的人才培养目标、培养标准、课程体系、教学内容、培养方式和质量考评体系，基于市场供需两端构建"以专业知识做基础，以现实需求为导向，信息技术与专业能力并重"的人才培养模式。

1.设置学科融合的课程体系

为适应数字经济时代对会计从业人员的新要求，高校会计专业课程体系需要相应地从重视会计学理论和基本实务操作技能转向培养具备会计职业判断、财务分析和管理决策等能力的复合型会计人才；以企业需求为导向，以学科交叉与跨界融合为基本理念，构建涵盖会计、计算机技术、大数据科学及应用等跨专业管理会计课程体系。

（1）开设学科交叉融合的专业基础课程。高校应在厘定数字经济时代会计人才培养定位的基础上，仔细研判市场需求，细分培养对象并建立定制化、

组合式的课程培养模式。以公共学科与专业学科基础理论作为统一学习背景，系统学习专业理论与实践技能，在筑牢专业学习的基础上根据细分行业人才培养需求提供个性化、组合式来细分课程，满足具体会计岗位需求。具体而言，课程内容包括财务会计实务、管理会计基础理论、数智技术理论基础三个层面，具体涉及财务会计账务处理与报表编制，管理会计的基础理论与主要工具方法的运用，以及大数据挖掘、处理与可视化分析等理论知识的学习。专业核心课程的开设围绕管理会计"预测、决策、规划、控制、考核"五大职能展开，具体涉及：在数智驱动下管理会计的预测、决策，内部控制与风险管控，财务共享流程的分析与优化，责任会计与平衡计分卡绩效管理等。课程类型则增加实训课程、专家实务课堂等可以模拟企业财务真实运营场景、强化实践能力的课程占比。实训课程以培养业财融合、流程把控、决策分析与跨界融合等能力为导向，可以开设全景企业运营、企业仿真项目、大数据财务分析、企业财务共享沙盘模拟、跨专业综合实训等课程。专家实务课堂可以聘请在管理会计领域或在大数据专业领域具有丰富工作经验的校外专家开展不定期的实务案例讲座，加深学生对所学知识的理解与认识，增长见识，提升学习兴趣。需要注意的是，校内课堂尤其是实训课程作为高校会计专业学生提升实务技能的重要载体，需要与时俱进地更新各类硬件、软件以满足数智时代管理会计人才培养的需要，具体涉及用友、金蝶、财务机器人以及Python、Hadoop等大数据智能处理软件的配备，ERP沙盘模拟与虚拟商业社会环境 VBSE 系统等。

（2）强化管理型会计课程的培养。建议高校将战略风险管理、企业组织管理、数字经济与治理等管理核心课程纳入会计课程体系并增加其学分占比，探讨管理会计工具创新发展和实践应用；将会计专业课程重点转向业务管理和数据分析并重，使学生建立以公司治理为导向的思维框架和能力体系，在实时动态的业务管理分析中准确、及时地做出趋势预测并同步提供相应的后续解决方案，逐步树立在资源和时间约束下做出最优决策的财务判断力；在教学中，注重财会审专业学科知识与大数据分析相结合、机器学习与互联网云平台信息技术相融合的数字经济基础技能，使学生掌握基于企业整体和长远发展的战略思维和国际视野。

2. 构建会计实践教学体系

探索能力型人才培养模式是现阶段会计教育的重要议题，专业实践能力是评价会计职业胜任能力培养效果的重要因素。高校应该在人才培养模式中强调实践作用、添加实操环节、强化实际成果考核，打造立体化的数字经济实践教学体系，形成以"模拟＋实践"双核心为主导的多维实践能力培养方案，开设实践能力训练平台，多维度、一体化培养会计专业实践技能。

（1）案例教学。案例教学将真实的商业企业案例应用于会计教育中，可以使学生从学习的接受者转为参与者，帮助其在具体应用中拓展思路，深刻理解并熟练掌握知识，激发创新意识。因此，在培养管理型会计人才时，在教学课程中应合理设计并引入真实的会计实务案例。案例的选取以"契合时代背景、紧贴课程内容、生动有参与性"为原则，案例背景要结合"大智移云物区"等新技术的应用；案例内容要贴合会计课程设置，使学生能够通过案例学习、熟悉专业知识将其转化为处理实际财务问题的具体经验，培养学生自主分析、发现并解决实际财务问题的能力。同时，高校也可以通过组织以数字经济时代为背景的案例分析大赛，调动学生自主学习智能财务知识的积极性，促使学生积极思考、扩展前沿视野。

（2）平台建设。在实践平台搭建层面，应以企业的真实场景为教学情境，引进展现企业整体业务流程，覆盖管理会计规划、预算、预测、决策和考核等职能的管理会计实践教学平台，并搭载先进的数智技术，以企业流程、业务经营案例为教学内容，促进教学过程与生产过程对接、课程内容与职业标准对接。在实践方式层面，鼓励企业更多地参与会计专业建设和人才培养，实现全要素、全过程的产教融合、校企合作，探索建立企业和院校双育人模式，搭建集教学实训、生产实践、产业与社会服务于一体的实践平台，构建相互衔接、补充和完善的产教深度融合体系。即学生完成管理会计的现实一体教学实训后，借助平台面向企业实务的任务式培养项目，进入脱敏性真实项目的模拟实践，建立系统完整的知识和技能结构，积累企业真实工作业务与流程的素材和资源。高校应进一步按照标准化流程和体系拆分教学实训所需的典型管理会计工作业务与案例，形成开放式的管理会计案例库，实现教学资源自我生成和持续优化、补充，挖掘适于教学实践的优秀典型案例，提升会计人才的培养质量。

（3）联合培养。高校通过与领先的职业组织、企业和科研机构进行产学研协同合作，开展会计人才联合培养。三方通过对教学环境和教学资源的重组联合和协同创新，发挥高校理论知识传授作用，将科研机构的科技创新成果与企业提供的实践机会有机结合，将实践与理论进行优势互补、共同发展，培养出符合时代背景的复合型会计人才。

3.加强师资队伍建设

高校要适应人才培养路径转变需求，系统地加强师资队伍建设，提升教师专业素养。

（1）推动教学改革。通过增加信息技术教学课程比例、开设智能财务管理等课程、将教师考核评价体系向掌握复合技能倾斜等措施，促使教师充分意识到数字经济发展带来的影响与变革，自觉接受并主动学习信息技术知识，将其融入日常教学中。高校可以尝试打造精品在线课程，促使教师重新梳理教学内容、改革教学方法和手段，构建"学、用、意"一体化的高度智慧学习体系。

（2）加速培育具备信息技能的教师。高校应鼓励教师参加信息技术课程培训并积极参与校外企业实践；同时，引进具有学科交叉背景如会计与计算机工程、金融数学等的学术型人才，或具备数据分析、挖掘和建模的事务型人才，培养信息技术会计教学研团队，提升会计教师的知识结构和实践能力。

（3）聘请校外实务专家建立联合培养机制。校外实务专家须同时具有信息技术和财务背景，能够提供丰富的岗位实训等实践资源，以指导学生理解并在企业财务的具体实践中应用最新的会计信息技术。

4.完善综合评价体系

为适应智能财务背景下的管理型会计人才的要求，建立能够全面评估学生综合能力的多维评价体系。比如，可以构建综合素质评价体系，分别设置学业成绩、会计实践、职业胜任力等一级评价指标，根据一级指标的详细内容对应设置可供选择和组合的二级评价指标，并按照一定的权重实现全面考核评价。其中，学业成绩包括财会专业、信息技术和财务智能化等；会计实践涵盖实习、项目模拟和创新成果等；职业胜任能力涵盖思想政治、职业道德、行为技能和领导能力等考核评价。

（二）高素质——全面提升会计人才的综合素质

随着数字经济的蓬勃发展，会计人才需要全面提升综合素养，以开放视角、创新思维、过硬能力积极迎接财务智能化变革。数字经济的快捷性、直接性和高渗透性使得数字经济迅速渗透到实体经济领域中，这就需要具有会计专业素养的复合型人才在关键的会计决策中能够提供准确、及时的数字经济会计潜在风险、发展趋势等核心内容解读，为管理层最终决策提供会计支撑。对此，高校应准确把握数字经济发展态势，有针对性地结合数字经济的业务场景和自身特点，将全面提升会计人才的综合素养作为应对数字经济挑战的重要抓手，设计以会计德商、会计智商、会计情商、会计灵商"四位一体"的会计人才培养方案，重构会计人才的职业素养和综合素质，造就适应宏观经济变化的新时代会计力量。

1.提升会计德商

会计德商主要包括思想素质、职业道德、职业判断力等，是会计人才培养的首要条件。尤其是数字经济具有虚拟无形等特点，会计从业人员的职业判断力和会计估计对会计结果有着较大的主观影响。因此，为将职业道德教育内化为会计人才的终身职业理想信念，需要在进行会计专业培养时就将德行教育放在首位，不断加强道德法治、家国情怀、社会责任和会计职业道德等思想政治素质建设，通过增加通识教育课程、传达会计领域警示案例、现场教学参观反腐倡廉基地等，营造诚信致公的专业氛围，不断提升整个专业群体的思想政治素质和责任感。同时，高校也要注重培养学生与时代发展相适应的职业判断力，切实将职业道德教育外化为会计人才职业道德行为。

2. 提高会计智商

会计智商即会计人才的智力智慧商数，是理性思维或序列思维的客观反映，是会计人才培养的基本前提。会计智商是用以衡量会计专业知识水平与技能，其作用在于帮助会计专业学生运用知识认识数字经济的业务本质和会计逻辑，使其在工作实践中更好地适应数字经济，理性解决数字经济问题。数字经济时代会计人才的培养需要高校立足会计基础学识培养，优化课程设置，推动通识教育课程贯穿整个教学体系，增加人工智能等领域的基础课程。

3. 培养会计情商

会计情商即会计人才的情绪智慧商数，是感性思维或联想思维的具体体现，包括情绪察觉、情绪揣摩、情绪控制、情绪驾驭等方面。会计情商用以评价"会计品格"，表现为会计活动中的沟通、控制、自觉和自信等情感能力和态度体验，在一定程度上可以通过会计教育培养加以塑造。高等会计教育环境对会计人才的会计情商培养具有重要影响，对适应数字经济发展有着强烈的现实意义。高校可以通过开设会计情商通识课程，并结合情景模拟课程、情商培养讲座、短期社会实践等方式，使会计人才提前预判会计工作所需的情商要求做出及早准备。

4. 激活会计灵商

会计灵商即灵性智慧商数，包含灵活应变、是非判断、真伪辨析等内容。

会计灵商主要用以测量会计人才的灵动性和会计创造力，促进会计复杂事项的处理和企业价值创造。在瞬息万变的数字经济时代考验着各主体对市场的快速反应能力和及时应变能力，而创新是引领发展的不竭源泉。会计人才需要在接受教育的过程中就具备能够适应数字中国战略发展、处理数字经济业务的创新思维，并引领工作实践。在会计人才培养中，高校要将塑造创新思维、提升创新能力作为培养会计人才的重要目标，贯穿素质教育的始终。这就需要高校在课程设置、教学资源、考核激励等方面向数字经济创新领域不断倾斜，吸引富有创新精神的教师力量，搭建应用最新科技成果的财务实训平台，全范围深化会计人才的创新能力。

（三）强能力——"九能并重"培养复合型高素质人才

高等会计教育内涵和外延的变化深刻影响着会计专业人才未来的定位。根据特许公认会计师协会（ACCA）发布的《专业会计师是可持续组织的核心》研究报告，会计人才能够确保组织强有力的治理和可持续发展，在企业经营发展中发挥主导作用，利用熟练技能、职业道德和专业判断帮助企业创造新的价值机会。随着全球经济、环境、技术、社会和劳动力状况发生巨大变化，会计人才的角色也在悄然发生改变。高校未来应着眼于理论研究、数据处理、分析判断、表达展示、交流沟通、团队协作、学习领悟、探索创造、知识整合等"九种能力并重"的会计人才整体素质提升培养模式。

1.培养理论研究能力、数据处理能力、分析判断能力，扎实掌握专业技能

会计从业人员的工作重点由反映经济现象、描述经济行为转向借助科学的理论方法和研究手段，有效运用信息技术工具，高效挖掘、组织、提炼对决策有用的数据信息，实现信息挖掘、数据分析、财务决策等更高的会计价值职能。

数字化能力是数字经济时代中关键的会计培养能力，是指会计从业人员掌握并应用数字技术进行识别创新、探究逻辑、分析信息和转化应用的能力。高校在制定专业培养方案时可将数字经济下产生的新型信息技术应用作为教

学的重要环节，并结合学校自身的战略布局，制定长远的培养目标，紧跟数字经济的发展方向，将数据处理、云计算、智能商务等相关课程有针对性地加入课程设计中，帮助学生朝着数字经济专业人才的方向发展个人技能。在上述课程体系的设计中，高校还应注意课程的逻辑关系，将统计学基础等数据处理的基础课程适当提前，为今后学生学习数据处理课程打下基础。

会计人才要掌握数字化能力，能够从大量复杂多样的数据中挖掘有效信息，并用以支撑财务预测。决策支撑离不开理论研究能力和分析判断力，主要涉及会计人才的专业度，即利用专业知识与经验，在面对信息技术迭代升级、商业模式变更创新等外部变化中的新会计环境、新会计问题时，实现自主学习并进行经验迁移，制定出基于环境变化的适宜的会计政策和战略方案，由技术型人才向管理型人才最终向学习型人才不断演进。

2. 提高交流沟通能力、表达展示能力、团队协作能力，提升个人综合素质

只有良好的沟通协调才能提供真实、完整、有用的财务信息，并反馈成合理、科学的管理信息。表达展示能力是会计专业人才必须具备的重要能力，即向外界清楚表达并展示个人观点和愿景的能力，主要包括文字表达展示、图表表达展示、语言表达展示、行为表达展示等。会计在企业财务管理中起分析、决策的作用，会计专业人才需要高效地将知识转化为语言，为管理者出谋划策。准确的表达展示能力以宽厚的知识架构和优秀的专业能力为基础，并能够促进复杂经济关系与社会关系中利用会计手段交流沟通的效率提升。

会计业务流程紧密衔接又相互贯通，需要会计专业人才进行一致协作、通力配合。协作能力是动员、组织、调动人的积极性的能力，而沟通能力则是"智、能、品"的综合表现，应重视交流沟通能力、自我认知和情感控制等非程式化交互技能的培养，应在会计人才培养体系中融入更多社会教育的成分。高校可以在教学体系中注重第二课堂的发展，通过组织沙盘模拟、财务精英俱乐部、案例大赛等丰富的社团活动提供培育会计人才情商的机会。

3. 加强学习领悟能力、探索创造能力、知识整合能力，激发创造活力

会计人才在步入工作岗位后，面临着新技术的迭代升级、新理念创造更新、新场景产生应用等内部变化，也面临着会计准则常学常新、法律法规不断修订的外部环境。树立终身学习理念是会计人才必需的素质。会计人才既要保持好学、勤学的态度，加强学习领悟能力，关注行业前沿热点动态，将最新学习成果与会计工作实际紧密结合形成工作实效；也要具备知识整合能力，将会计专业知识与信息技术知识、企业管理知识等有机整合形成适应个人发展、企业应用的一体化综合知识；还要具备创新思维和能力，善于挖掘商业机会并将其转化为切实的企业经济效益。

在"九能并重"的能力框架中，理论研究能力、数据处理能力、分析判断能力是基础硬技能，交流沟通能力、表达展示能力、团队协作能力是拓展软实力，学习领悟能力、探索创造能力、知识整合能力是突破创造力。基础硬技能主要培养会计德商和会计智商，拓展软实力和突破创造力主要培养会计情商和会计灵商。高等会计教育的目的是通过构建高素养会计人才"四位一体"的培养方案和"九能并重"的培养目标，培养出会计知识扎实、坚守会计操守、引领会计创新的新时代会计人才，推动会计理论与实践的深化发展。

三、数字经济时代会计从业人员的职业发展与规划

随着数字经济的全面发展，智能财务的深入应用对今后财务人员的职能定位、组织架构和价值创造带来重大且深远的影响。会计从业人员必须全面认识信息技术应用给会计领域带来的机遇和挑战，明确人才需求转变的方向，及时做好职业规划与发展准备，全面增强综合素质、掌握数字技术工具技能、重视管理会计专业转型等，占据会计变革的主动权。

（一）纵深发展专业能力，横向加强跨领域知识协同，成为多维复合型人才

在数字经济时代下，企业财务已由大工业化分工的作业领域发展为跨领域协同融合的智能财务，对会计从业人员的职业能力提出"纵深发展，横向拓宽"的新要求。会计从业人员必须关注行业环境的重大变化，立足行业前沿，及时更新对会计工作职责的了解和认识。一方面，围绕会计、税务、法律等垂直领域塑造专业能力；另一方面，加强金融计算、人工智能等多领域学科知识交叉融合，构建跨领域协同的知识体系。会计从业人员应树立终身学习理念，通过持续接受新技能、新知识的培训学习，全面提升自己的新时代会计行业发展要求的专业能力和综合素质，争做具备多种优势的综合型会计专业人才。

数字经济通过跨界融合使得从前分割独立的工作领域边界逐渐变得模糊，会计工作也趋向整体化发展。在此背景下，会计发展应当与多学科领域知识交叉融合，形成"大会计"理念。会计从业人员要加强对经济、金融、文化、社会、法律及其相互之间广泛联系的全面认识；掌握数字技术、信息技术的操作与结果分析能力；对金融、会计、审计、财税、公司治理、风控的变革趋势有深刻的把握；具有自我学习、持续学习、跨界学习的能力，不能停留在"就会计论会计"的保守层面；熟练掌握会计信息化业务，提高数据收集与信息分析能力；严守法律法规与准则制度，规范会计信息化流程；加强风险防范意识，提高职业道德水平；提高沟通协调能力，培养团队协作精神；成为多维复合型人才，持续引领企业商业创新与价值创造。

（二）树立全面数据思维，掌握数据管理能力，成为专业决策型人才

随着财业融合向更大领域、更深层次的推进，以财务为主导的企业价值管理正在不断地进行深化和演进，财务管理的边界正在不断拓展和外延，财务人员在企业管理中的角色趋于多元。新型管理会计人才不仅要详细了解财务、金融、经济、税务、管理等专业知识，还要能够熟悉企业的经营业务流程，并根据企业行业特点和发展情况，利用大数据技术、人工智能技术等辅助工具充分分析、挖掘和利用广泛的数据和信息，为企业业务流程和管理决策持续优化提供财务支撑。

1. 树立全面数据思维

信息技术的迭代升级使得万物皆数据成为现实，数据作为第五大资源要素蕴藏着巨大的有用的信息价值。传统会计偏重记录、核算和分析结构化数据，往往会忽略半结构化、非结构化数据的价值挖掘，而智能财务最重要的资产将是数据。会计的管理决策离不开数据的支持，数据的管理分析和决策运用将成为财务管理的首要任务。企业中每天会有无数单据、影像等信息进入财务数据，生成大量的业务数据、记录凭证、发票等传统的协作化信息，以及更多的非结构化信息、半结构化信息。大数据技术在财会领域的应用使得会计从业人员能够全面收集、加工、处理、利用数据，从有限到全部、从静态到动态、从单一类型到多种类型、从因果关系到相关关系的数据均能对企业决策起到决定性的影响和作用，也促成了管理会计工作新思维的形成。

2. 掌握数据管理能力，向专业化决策型管理会计转化

当前人工智能尚不具备高级自主学习、判断、决策的功能，专业化决策型管理会计从业人员可有效运用人工智能机器人作为辅助工具，充分进行数据筛选，深层挖掘相关联的财务和非财务数据、结构化和非结构化数据、内部和外部数据，在做好全面数据分析的基础上进行科学的决策、预测和控制，从数据共享、信息整合、流程优化、管理决策和价值创造等企业全流程充分参与价值管理活动，助力企业战略的达成和管理水平持续提升，促进企业价值创造。

（三）关注国际会计发展前沿，提升财务驾驭能力，成为国际化高端人才

在数字经济背景下，全球经济一体化步伐进一步加快，企业的业务范围

和投资方向不断扩大，跨国经济、跨国合作成为企业持续发展的必然趋势。《中华人民共和国国民经济和社会发展第十四个五年规划和 2035 年远景目标纲要》指出，要加快会计国际化发展，服务中国企业"走出去"。会计作为一门国际通行的商务语言，在国际经济活动中承担着重要任务。复杂多变的全球经济环境会对会计人才提出更高的发展需求。这就需要会计从业人员具备国际化复合型，紧随国际会计发展步伐。在掌握本国会计理论和会计准则的基础上，会计从业人员应了解国际经济背景、熟知国际会计知识，如通过参加国外主流会计职业考试、国际学术研讨、投稿国际会计期刊等方式加深对国际会计准则的理解。会计从业人员要培养自己的国际业务管理能力，全面提升语言能力、信息技术能力等专业能力，以及分析思考能力、逻辑思考能力、沟通表达能力等综合素质，及时了解和掌握投资国家的相关法律法规和人文特色，熟悉当地会计核算、利润分配等方面的知识，为企业全面财务管理和成本控制提供财务智慧。同时，会计从业人员还要保持对国际数字经济研究的关注，总结、借鉴国际上数字经济管理的经验和方法，在跨国企业的财务管理中进行灵活运用。

第五节　数字知识经济增加值核算

一、引言

随着互联网技术的迅猛发展，数字经济也随之高速发展，世界各国数字经济模式不断创新，涉及衣食住行以及娱乐文化教育等多个行业。在此次发展潮流中，我国数字经济发展真正走到了世界前列。随着大众各类需求的提升，各类数字产品被推向市场，在资源节约利用、便民生活等方面发挥了巨大作用。

数字知识经济改变了传统的商业模式，国内现有的核算体系并不能完全涵盖各类数字经济模式。如何设定数字知识产品生产者、互联网平台和知识获得者在经济核算中的角色，将是数字知识经济增加值核算面临的难题；如何将这一新模式所带来的增加值纳入我国国内生产总值（GDP）核算，也是亟须解决的问题。因此，研究数字经济中数字知识的增加值核算是对这一全新商业模式在生产、推广、消费等各阶段核算的创新探索，将完善我国数字经济核算体系，为我国"新经济"核算方法的完善提供参考，有助于进一步完善我国国内生产总值核算。同时，数字知识经济增加值核算的研究还将进一步推动新经济核算实践的发展。

二、数字知识经济的不同模式

要进行数字知识经济增加值的核算，就必须考虑数字知识经济的模式，只有通过分析其不同的生产模式和收益模式，以及个人、企业与平台的合作模式，才能准确确定数字知识经济核算的主体、范围和方法。

（一）数字知识经济的生产模式

数字知识产品的生产模式多样，在上述不同的平台模式分类下，对应的主要生产模式也不同。各类平台模式对应的产品生产模式主要有网络云课堂模式、专家线上咨询模式、专业知识生产模式、平台技术支持模式、大众知识生产模式、网络问答模式。

（二）数字知识经济的收益模式

梳理数字知识经济的收益模式有利于确定产品生产者与平台的收入，进而进行增加值的核算。从用户角度来看，数字知识产品主要有付费和免费两种，在前述四类平台模式中，除专业网络服务模式主要通过直接收费方式获取收益外，其余三类模式均存在免费和收费两种情况。与传统知识产品不同，数字知识产品所借助的各类平台除了从用户方获取收益外，也可以从数字知识产品生产者处获取佣金收益。通过内容收费、用户打赏等收益方式，可以较为清晰地区分各类数字知识产品的价值。对于会员收入、广告收入、流量转化等收益模式，不同类型数字知识产品的生产者、平台的产出与收益则存在差别，在进行数字知识经济增加值核算时须予以具体分析。

（三）数字知识经济平台的合作模式

在数字知识经济中，互联网平台扮演的角色并非单一的，作用也不相同。在不同的平台合作模式下，劳动报酬、营业盈余等指标的核算范围和方法也不同，因此需要对数字知识经济平台的合作模式进行梳理。在在线教育模式和专业网络服务模式中，产品生产者主要是平台企业自身；在知识付费模式中，主要是法人企业生产者通过平台将数字知识产品提供给用户；在社交媒体模式下，主要是个人生产者通过平台将知识产品提供给用户，个人生产者在发展到一定程度后会成立企业，转换为法人企业生产者；在专业网络服务模式中，也存在跳过平台直接为用户提供数字知识产品的方式。基于此，根据数字知识产品生产者、互联网平台以及数字知识产品消费者角色和作用的不同，这里将数字知识经济平台合作模式分为四类。

1. 非法人企业（个人）生产者—平台—用户

借助各类数字知识分享平台，越来越多的个人用户开始有偿或者无偿分享自己的专业知识，如个人所写的行业分析推论、个人制作的各类知识讲解视频等。这些个人即是"非法人企业"，其所生产的各类数字知识产品通过向互联网平台缴纳"租金"或者与之分成而获得在互联网平台展示的机会，进而被消费者购买。在这一过程中，互联网平台起到了连接生产者与消费者的"中介"作用，协调需求。促使交易达成，同时提供技术支持服务，确保数字知识产品正常使用。

2. 企业生产者—平台—用户

除了个人数字知识产品生产者外，文化类公司、培训机构等企业也生产各类数字知识产品。这些企业生产者在数字知识产品制作上更为专业，其通过与互联网平台签订协议，确定合作与分成模式，最终将产品推向消费者。在此类合作模式下，平台会根据合作协议进行数字知识产品的前期包装、推广、引流等服务,中期进行业务监测,后期进行数据分析等技术的支持和管理服务。互联网平台的作用不再仅限于"中介"服务,还包括其他一系列服务。

3. 平台生产者—平台—用户

随着数字知识经济的飞速发展,越来越多的平台在提供"中介"服务的基础上,开始自行生产数字知识产品。在此类情形下,互联网平台既是产品的生产者又是产品的推广者,"生产者—平台—用户"的模式转变为"平台(生产者)—用户"的模式。

4. 知识生产企业—企业用户

除上述合作模式外,针对企业客户线上咨询、行业技能培训等活动的企业会通过在线教育、技能培训、音视频等方式,针对企业单位制作和销售数字知识产品。这些"企业—企业"的模式往往会在各自的行业内有一定的知名度,不再借助互联网平台就可以达成供需交易,这类模式与传统的知识产品模式相似,只不过变为数字化,本书不再探讨。

三、数字知识经济增加值核算方法

《中国国民经济核算体系(2016)》指出,"根据新兴经济特点和基础资料状况,新兴经济增加值核算采用生产法和收入法进行核算,新兴经济生产法增加值等于新兴经济总产出扣除相应的中间投入。新兴经济的总产出指生产单位在一定时期内从事新兴经济活动生产的所有货物和服务的价值;新兴经济中间投入指生产单位在新兴经济生产过程中消耗和使用的固定资产以外的货物和服务的价值"。笔者认为,在对数字知识经济进行界定后,可采用生产法和收入法对数字知识经济增加值进行核算,确定合理的数字知识经济增加值核算方法;官方统计机构可根据经济普查数据以及对平台企业的抽样调查数据,进行数字知识经济增加值核算。在我国国内生产总值核算实践中,并没有针对数字知识经济进行核算,与之相关度较高的教育、文化产业等在实践中以收入法核算为主；但在经济普查年份，会对总产出进行核算以计算增加值率，这也是在非普查年份核算各行业增加值进而核算国内生产总值的重要参考指标。这里将详细探讨数字知识经济生产法和收入法的增加值核算方法，以及支出法国内生产总值核算中的相关项目，以期为数字知识经济增加值的核算实践和各类型数字经济增加值的核算实践提供参考。

（一）生产法增加值核算

1.以平台为核算主体的数字知识经济增加值核算

在前述的在线教育、知识付费和专业网络三类模式中，数字知识产品的生产模式主要为网络课堂模式（A）、专家线上咨询模式（B）、专业知识生产模式（C）和平台技术支持模式（D）。在此4种生产模式下，平台除了发挥"中介"作用提供信息服务和促成交易外，而且还参与了数字知识产品的制作。这类模式更像是平台向知识生产者购买"知识原材料"，通过平台的加工制作"成品"，然后销售给数字知识消费者，通过内容收费、广告收入、会员收入、增值收入等来获得收益。平台通常"买断"生产者的数字知识产品或者雇用产品生产者自行来生产产品；数字产品生产者则通过卖出"原始产品"获得收入或者通过被雇用获得报酬。在此类情形下，消费者更多的是与平台达成数字知识产品交易，因此以平台作为核算主体能更清晰地进行数字知识经济增加值核算。

（1）平台收益模式为内容收费。当生产者收益模式为卖出原始数字知识产品时，以平台所销售数字知识产品的数量Q乘以价格P作为总产出O，中间消耗为平台买断原始数字知识产品的花费IC1买断、数字知识成品再加工的其他消耗IC2和数字知识平台上线运行维护的日常消耗IC3，增加值V的核算公式为：

$$V = O - IC = \sum_{i}^{m} P_i Q_i - IC_{1买断} - IC_2 - IC_3$$

当生产者收益模式为被雇用获得劳动报酬时，总产出与上文相同，中间消耗为平台支出雇用数字知识产品初始制作的消耗IC1初始，数字知识成品再加工的其他消耗 IC2 和数字知识平台上线运行维护的日常消耗 IC3，增加值 V 的核算公式为：

$$V = O - IC = \sum_{i}^{m} P_i Q_i - IC_{1初始} - IC_2 - IC_3$$

（2）平台收益模式为会员收费和增值服务。当生产者的收益模式为卖出原始数字知识产品时，以所获得会员费收入 R 会员和各类增值服务收入 R 增值为该平台所有数字知识产品的总产出，对于某个数字知识产品的产出则可以根据该类数字知识产品的点击量占比进行估算，中间消耗为平台买断原始数字知识产品的花费 IC1 买断，数字知识产品再加工的其他消耗 IC2 和数字知识平台运行维护的日常消耗 IC3，增加值 V 的核算公式为：

$$V = O - IC = R_{会员} + R_{增值} - IC_{1买断} - IC_2 - IC_3$$

当生产者收益模式为被雇用获得劳动报酬时，总产出与上文相同，中间消耗为平台支出雇用数字知识产品初始制作的消耗 IC1 初始，数字知识成品再加工时的其他消耗 IC2 和数字知识平台上线运行维护的日常消耗 IC3，增加值 V 的核算公式为：

$$V = O - IC = R_{会员} + R_{增值} - IC_{1初始} - IC_2 - IC_3$$

（3）平台收益模式为广告收入、线上转化为线下收入。当生产者收益模式为卖出原始数字知识产品时，对于未直接获得收益的数字知识产品，广告收入是平台获得收入的主要来源，其次是通过线上积累人气和粉丝转化为线下的相关商品或服务收入，可以使用线下等量收入所需要的宣传费用等进行衡量。因此，未直接获取收益的数字知识产品的总产出 O 包含广告收入 R 广告和与线下转化等价的宣传费用 R 转化，中间消耗为平台买断原始数字知识产品的花费 IC1 买断、数字知识成品再加工的其他消耗 IC2 和数字知识平台上线运行维护的日常消耗 IC3，增加值 V 的核算公式为：

$$V = O - IC = R_{广告} + R_{转化} - IC_{1买断} - IC_2 - IC_3$$

当生产者收益模式为被雇用获得劳动报酬时，总产出的计算方法与上文的内容相同，中间消耗为平台支出雇用数字知识产品的初始制作消耗 IC1 初始、数字知识产品再加工的其他消耗 IC2 和数字知识平台上线运行维护的日常消耗 IC3，增加值 V 的核算公式为：

$$V = O - IC = R_{广告} + R_{转化} - IC_{1初始} - IC_2 - IC_3$$

在上述模式下，平台首先支付给产品生产者一定的资金以获得其产品，消费者购买相关产品和服务的资金直接被平台全部获得，通过企业的财务数据可以获取核算其增加值所需的全部数据。但目前核算该类经济活动总产出时，忽略了企业免费产品的价值，这些免费产品占数字知识产品的比重并不低，其价值可以体现为广告收入、线下转化收入等。合理地将该价值纳入总产出核算中能准确地体现其增加值。

2. 以产品生产者为核算主体的数字知识经济增加值核算

根据上述数字知识的平台模式分类和对应生产模式可知，社交媒体模式所对应的生产模式为大众知识生产模式（E）和网络问答模式（F）。在该类模式下，互联网平台仅仅作为"中介"为知识产品生产者与消费者搭建一个促成交易的平台，并因提供信息服务而收取"租金"或者"分成"等佣金收益；数字知识产品生产者则通过内容收费、打赏收费、广告收入、线上转化线下收费等模式获得收益。在此类情形下，以产品生产者作为核算主体较为合适。

（1）生产者收益模式为内容收费。当平台收益模式为收取租金时，以所销售数字知识产品的数量 Q 乘以价格 P 作为总产出 P，中间消耗为平台收取的租金 IC1、数字知识产品制作时的其他消耗 IC2，增加值 V 的核算公式为：

$$V = O - IC = \sum_{i}^{m} P_i Q_i - IC_1 - IC_2$$

当平台收益模式为营利分成时，总产出 O 的计算同上，中间消耗为平台提供中介服务所得分成 PQn（n 为分成比例）与数字知识产品制作时的其他消耗 IC2，增加值 V 的核算公式为：

$$V = (1-n)\sum_{i}^{m} P_i Q_i - IC_2$$

（2）生产者收益模式为打赏收费。当平台收益模式为收取租金时，以所制作的数字知识产品获得的各类打赏 R 的总和作为总产出 O，中间消耗为平台收取的租金 IC1 与数字知识产品制作时的其他消耗 IC2，增加值 V 的核算公式为：

$$V = O - IC = \sum_{i}^{m} R_i - IC_1 - IC_2$$

当平台收益模式为营利分成时，总产出 O 计算同上，中间消耗为平台提供中介服务所得分成 nR（n 为分成比例）与数字知识产品制作时的其他消耗 IC2，增加值 V 的核算公式为：

$$V = (1-n)\sum_{i}^{m} R_i - IC_2$$

（3）生产者收益模式为广告收入、线上转化为线下收入。当平台收益模式为收取租金时，未直接获取收益的数字知识产品，总产出 O 包含广告收入 R 广告和线下转化等价宣传费用 R 转化，中间消耗为平台收取的租金 IC1、数字知识产品制作时的其他消耗 IC2，增加值 V 的核算公式为：

$$V = O - IC = R_{广告} + R_{转化} - IC_1 - IC_2$$

当平台收益模式为营利分成时，总产出计算方法与上文内容相同，中间消耗为平台提供中介服务所得分成 nR（n 为分成比例）、数字知识产品制作时的其他消耗 IC2，增加值 V 的核算公式为：

$$V = O - IC = R_{广告} + R_{转化} - nR - IC_2 = (1-n)(R_{广告} + R_{转化}) - IC_2$$

在上述模式下，平台从产品生产者处获得"佣金"或"抽成"，消费者的产品购买资金则可以直接到达生产者账户或者通过平台转至生产者账户，转账资金额可以通过企业的财务数据获得，在现有对教育、文化等行业的增加值中已经包含。而直接到达生产者账户的资金尤其是个人账户的资金则无法获得，因此在核算实践中还需要通过企业获得相关个人生产者的信息，进行合理地抽样调查设计，以生产者为核算主体完成数字知识经济增加值的核算。

以上为在主要的生产模式与收益模式组合下，数字知识经济增加值核算的基本思路。在将数字知识经济增加值核算纳入我国国内生产总值核算的实践中，还存在两个主要问题：①在以个人生产者为核算主体的情况下，需要借助居民住户调查增加相关的项目来确定其收入和中间消耗，或者建立数字经济的各行业针对个人生产者的专项抽样调查来获取数据；②在以平台为核算主体的情况下，需要对平台在各类数字知识产品生产中的具体作用进行分类处理以确定产品生产过程中的中间消耗。另外，随着数字知识经济模式不断创新，在未来实践中，还需根据新模式的具体生产过程确定总产出和中间消耗。

（二）收入法增加值核算

数字经济带来的一大变化就是使得原来只能作为知识产品消费者的"个人"可以通过各类互联网平台变为知识生产者，对于上述各类型的"非法人企业"数字知识生产者，无法区分其劳动报酬和营业盈余。

1. "非法人企业生产者—平台—用户"模式下的增加值核算

此模式为数字知识生产者未将产品卖给互联网平台，而是借助互联网平台来推广和销售自己的产品。在此过程中，互联网平台为该数字知识产品的交易完成提供的"中介"服务也属于数字知识经济的核算内容。因此，在数字知识产品增加值的计算公式为：

数字知识产品增加值 V= 混合收入 MI 个人 + 生产税净额 NT+ 固定资本消耗 DF 个人

其中，混合收入是个体生产者最终所得营利，包含自身的劳动报酬价值，但应扣除个人知识生产者支付给平台的"中介费"；生产税净额是指生产税与政府补贴的差额，在大多数情况下，个体生产者未缴纳生产税，也未获得政府相关补贴，因此这一项往往为零；固定资本消耗是指个人生产者为了生产数字知识产品对计算机、摄像机等各类固定资产的损耗。

数字知识中介服务增加值＝劳动者报酬 CE 平台＋生产税净额 NT 平台＋固定资本消耗 DF 平台＋平台营业盈余 OS 平台

此处的 CE、NT、DF、OS 均为平台为该数字知识产品提供服务所对应的核算量。

2."生产者—平台"＋"平台—用户"二阶段模式

此模式是指各类互联网平台直接购买各类数字知识产品，再在平台上销售给用户的模式。此模式第一阶段是数字知识产品的生产过程，第二阶段是数字知识产品的流通消费过程。对于第一阶段，可采用收入法来核算数字知识生产过程的增加值，因为是非法人企业生产者，所以：

增加值 V＝混合收入 MI 个人＋生产税净额 NT＋固定资本消耗 DF 个人

其中，混合收入是个体生产者最终获得的利润，生产税净额、固定资本消耗与上述一阶段模式相同。

在第二阶段，采用收入法对互联网平台提供的数字知识服务进行增加值核算，所以：

增加值 V＝劳动者报酬 CE 平台＋生产税净额 NT 平台＋固定资本消耗 DF 平台＋平台营业盈余 OS 平台

其中，劳动报酬是指该平台为实现该类数字知识产品的宣传推广销售而付出劳动的员工报酬；生产税净额等于平台生产税与政府补贴的差额，平台有多类数字产品时，可根据营业额的比例计算该类数字知识产品的生产税净额；固定资本消耗为平台为最终销售此类数字知识产品而消耗的各类固定资产折旧额；营业盈余为平台最终依据此数字知识产品而获得的营业盈余。

在现行对数字知识企业的统计中，并没有涉及对非法人生产者的统计。在上述一阶段模式下，个人生产者创造的增加值可以体现为平台的相关成本支出。平台所获得的各类版权等可以长期使用。在后续使用时，这些因版权而带来的资本服务价值以及这些无形资产的折旧并没有被明确进行核算。在二阶段模式下，因为目前没有针对个人知识生产者的抽样调查，所以非法人生产者所创造的增加值被漏算。因此，在收入法核算数字知识经济增加值时应注意两个问题：①计算营业盈余和固定资本消耗时，应恰当分解版权等所带来的资本服务价值和这些无形资产的折旧。②要增加对非法人企业生产者的抽样调查，将其纳入核算范围内。

3."法人企业生产者—平台—用户"模式下的增加值核算

此类模式与上述"非法人企业生产者—平台—用户"模式收入法增加值核算最大的区别是生产者不再具有混合收入，而使用营业盈余和劳动报酬代替。此时无论是"生产者—平台—用户"一阶段模式还是"生产者—平台"+"平台—用户"二阶段模式，收入法增加值均为数字知识产品生产的增加值与平台中介服务的增加值之和。在收入法计算平台增加值时，根据平台为数字知识产品所提供服务类型的不同而存在区别，具体计算方法如下：

增加值 = 生产企业员工劳动者报酬 CE 生产 + 生产企业生产税净额 NT 生产 + 生产企业固定资本消耗 DF 生产 + 生产企业营业盈余 OS 生产 + 平台员工劳动者报酬 CE 平台 + 平台生产税净额 NT 平台 + 平台固定资本消耗 DF 平台 + 平台营业盈余 OS 平台

在此类模式下，无论是生产者还是平台，均已被纳入现行的国内生产总值核算范围内，但是在数字知识企业中无形资产占比高，在大部分企业的财务处理中，这些无形资产的消耗并没有以合理的方式被分摊到各个使用期内，从而使得最终核算结果出现偏差。

4."平台生产者—平台—用户"模式下的增加值核算

在此类模式下，平台既是数字知识产品的生产者，又是数字知识产品的推广者或销售者。平台提供了数字知识经济活动的全部货物和服务，此时收入法增加值核算只需核算该平台员工的劳动者报酬 CE 平台，即参与数字知识产品的生产加工、推广销售等所有员工的报酬，生产税净额 NT 平台，为提供平台所缴纳生产税与政府补贴的差额，固定资本消耗 DF 平台为平台为完成数字知识产品的制作、推广、销售等一系列活动所产生的固定资产折旧，平台营业盈余 OS 平台为平台的最终利润。在此类模式下，企业的相关活动已经被纳入国内生产总值的核算范围内，此时收入法增加值核算需要注意的问题与上述模式相同。

采用收入法将数字知识经济纳入国内生产总值核算时，无论在上述哪种合作模式下，都应梳理清楚劳动报酬、营业盈余、固定资本消耗和生产税净额四项内容。对平台企业而言，上述数据可通过调研主要企业的相关财务数据计算获得；而对个人生产者而言，则需要根据抽样调查获取个人生产者的混合收入，进而估算全国数据，并将其纳入国内生产总值核算中。同样需注意的是，在数字知识企业中存在很多无形资产参与了数字知识经济活动，在采用收入法核算其增加值时，应根据企业财务会计数据合理、准确地计算出固定资本消耗和营业盈余等指标，准确核算出数字知识经济的增加值。

（三）支出法国内生产总值核算中数字知识经济的核算项目

当采用支出法核算国内生产总值时，也需要确定数字知识经济的相关核算项目，其并不会受到产品生产模式和收益模式的影响，而会受到数字知识产品存储类型的影响。确定政府消费、资本形成和存货将是支出法国内生产总值核算的难点。

四、数字知识经济核算案例

"得到"是目前数字知识分享和知识付费的领军者，其通过线上课程、电子书等数字知识业务来开展线上服务，同时借助线上知识服务拓展到线下知识服务（得到大学）及电商领域（销售阅读器、纸质图书等）获得拓展收益。"得到"主要是在线教育和知识付费模式，其产品生产模式以网络课堂和专业知识生产为主，获得收益的方式包括内容付费、会员付费和引流线下收益等多种方式。其中，引流线下知识服务收益根据线下培训业常用的销售额提成 10% 作为其线上引流到线下服务的收益，引流电商则根据业界常用的销售额的 1% 引流费作为其数字知识产品的引流收益；是产品制作过程包含原始产品采购、再加工、数字产品维护所需的各项消耗。

在对全国数字知识经济增加值的核算实践中，统计部门可通过对占据市场主要份额的企业进行重点调查，以及对个人数字知识产品生产者的抽样调研来获取数据，结合具体的生产模式和收益模式来核算其增加值，进而估算全国数字知识经济的增加值，如此核算结果将更加合理。

目前常用的从传统经济增加值中按比例剥离核算数字经济增加值是不够准确的。在各类数字经济模式占比越来越大的情况下，如果要准确核算数字知识经济增加值，就需要理清数字知识经济的产品生产模式、收益模式和互联网平台的合作模式，如此才能准确核算数字知识经济的总产出和中间消耗，才能明确数字知识产品生产者与网络平台在数字知识经济活动中所获得的营业盈余、劳动者报酬、固定资产折旧和生产税净额，才能明确数字知识产品的消费和资本形成，进而采用生产法、收入法完成数字知识经济的增加值核算并确定支出法国内生产总值核算中数字知识经济的相关核算项目。要完成数字知识经济增加值的核算，需要完成以下几方面的工作：①确定在不同平台模式下，各类数字知识企业所属类型，根据数字知识平台在各类数字知识产品的生产、流通和消费中的作用，准确把握核算主体。②确定数字知识经济的生产模式和收益模式，考虑内容收费、广告费收入、会员收费和增值收入等多种收益模式，根据互联网平台和数字知识产品生产者不同的收益模式相组合，合理确定在各种模式下数字知识经济生产法增加值核算中的总产出和中间消耗，进而确定生产法增加值的核算内容和方法。③准确分析数字知识经济中生产者的类型，根据生产者是企业、个人还是互联网平台进行划分，再依据互联网平台在数字知识产品流通和销售中的作用是宣传等"中介"作用还是收购再加工而将其划分为一阶段和二阶段模式，进而确定不同合作模式下数字知识经济收入法增加值中劳动者报酬、营业盈余、混合收入、生产税净额和固定资产折旧的核算内容。④合理的区分数字知识产品的消费和存储，进而确定支出法国内生产总值核算中数字知识经济的相关项目。⑤根据对各类数字知识企业和个人知识生产者的抽样调查，合理估算全国数字知识经济增加值总量。

第二章 数字经济时代对财务管理的影响

第一节 数字经济背景下企事业单位财务管理的转型

新时代下金融经济的数字化管理模式适应社会经济的发展，企事业单位的财务管理发生着巨大的变化。财务管理是在有整体目标的情况下，对企事业单位的投资（资产购置，目的在于升值、获利）、筹资（筹集资金，即资本的融通）、营运资金（主要指能够灵活运用的现金流量）、利润（投资等经济行为产生的回报）等进行管理分配的工作。当前社会已经进入数字经济时代，企事业单位的财务管理工作模式需要与时俱进，财务管理工作与计算机相结合，在计算机的准确运行中，可以有效地对企事业单位财务进行高质量管理。在企事业单位财务管理的转型过程中，是对财务管理人员的一种挑战，同时也是企事业单位发展的重大机遇。企事业单位财务管理人员应不断加强学习，了解业务的新模式，高层人员必须通盘进行考量，顺利完成企事业财务管理的转型。

一、企事业单位财务管理转型中需要考虑数字经济发展趋势

数字经济有几个典型的发展趋势，对企事业单位而言如果对这些趋势缺乏重视，则企业体量再大，也可能在短时间内出现"房倒屋塌"。

趋势一，随着消费者需求的不断变化、竞争对手层出不穷，很多产品以及配套服务的更新周期肉眼可见地缩短。因此，企事业单位必须在最短时间

内对市场未来一段时间的整体发展走向进行预估，从而以最快的速度制定出发展战略。在制定发展战略的同时，企业的相关财务信息需要在一定程度上向市场披露。

趋势二，跨企业、跨领域之间的合作已经成为主流选择。得益于信息技术的发展，社会各界合作沟通的信息成本已经大幅度降低，广泛、低成本的合作已经成为现实。在新的经营项目出现之后，企事业单位的财报数据同样应该有所调整，目的在于使社会公众产生诸如"这家企业的现代化、数字化建设程度较高且眼光长远，发展前景良好"的印象，最终在多个方面予以支持。

综上所述，在数字经济时代，企事业单位的眼光格局应该放长远，财务管理工作转型应该紧跟企业的发展，使财务工作具有"外向性"，帮助企业做大做强。

二、在数字经济背景下，企事业单位财务管理转型的路径

（一）全面提升对"财务数字化管理"的认知程度，明确转型目标，避免盲从

在数字经济背景下，企事业单位在进行财务管理工作转型之前，其高层管理人员应该全面提高对"财务数字化管理"的认知水平，必须十分明确转型之后应该在哪些方面有所提升。换言之，财务管理模式数字化转型的过程建立在"单位初期的准备工作已经全部就绪，当前先进的（数字化）业务开展模式与落后的财务管理制度之间已经不再契合，必须完成财务管理模式的数字化升级"的基础上。如果这个前提不成立，那么企事业单位就不应转型，更不能"看到别的单位正在进行财务工作模式转型，我们也跟着转型"，盲从的后果只能是"一地鸡毛"，对单位的后续发展毫无益处。因此，企事业单位的领导需要对数字经济时代的特性以及当前时代财务数字化管理的模式进行深入学习，对转型期间、转型后的相关工作应该呈现出的面貌进行系

统性的规划。具体而言，财务管理工作服务于企业的整体利益，即企业在进行数字化建设时，财务管理工作同样应该探索数据标准化、系统同构化、流程自动化、服务智能化的相关建设。其中，数据标准化需要结合云计算的相关要求，使企业多个部门、多个子系统的财务数据与总系统中的数据一一对应。此外，云端存储技术已经得到了广泛应用，各大企业都从互联网服务商处订购该项服务。在"云端"中，企业多个子系统上传的财报数据、企业发展相关信息均应成为标准化数据，且在综合考量企业发展情况的过程中，数据标准化的实现程度需要放在十分重要的位置。总体而言，企事业单位财务管理数字化转型的特征如下：第一，多个子系统之间的数据（特别是财报数据）应该在云端形成有效衔接，进而帮助系统更加集中，保证数据信息的实时互通。第二，"业财一体化"是现代企事业单位数字化发展的必备体系，需要单位内部设有财务共享服务中心，取代传统的基于 ERP 模式的会计核算系统，进而在数据采集、展示、加工等方面完成全面升级。如此一来，企业财务管理方面的成本投入会降低、财报数据以及资金的应用都会得到"追踪"，可有效提高工作效率。总之，企事业单位的财务管理工作转型并不是随随便便就能够成功的，而是需要全面考量、系统性地规划后，方可逐步"挺进"。

（二）围绕财务数字化管理转型期间可能出现的风险制定应对方案

1. 在转型期间，财务人员方面可能出现的风险

在企事业单位财务数字化管理转型期间，面临的首要风险源于财务管理人员方面。数字经济时代的一个大趋势在于跨企业、跨领域的多元合作会成为各大企业的必然选择。实际上，"跨领域"或者说"多领域融合"几乎无处不在。以财务工作为例，在传统的财务工作中，财会人员只需掌握少量的计算机操作知识（甚至仅仅是 Office 办公软件的操作方法），能够简单制作财务报表即可。但在数字经济时代，财务人员除了财会专业知识之外，还需掌握智能财会管理软件的基础操作和运维知识，能够在线上对企业总部、各

个子公司的财报数据进行整合，且保证互相之间严丝合缝。面对骤然增加的工作压力，财务人员可能出现诸多"不适应"，若企业管理人员没有提前制定出应对机制，未能帮助财务人员度过"转型期"，则企业财务管理工作的转型便有可能"中道崩殂"。

2. 财务管理工作流程转变导致的风险

企业财务管理工作转型应该具备全面性和系统性，如果在工作流程方面依然保持原貌，那实际上便是一种"换汤不换药"的行为，所谓的数字化转型只能停留在表面，没有任何实际意义。但若要"大刀阔斧"般地进行改革，则必然伴随"阵痛"。比如财务管理工作流程从传统的纸质报表上传数据，改为经由智能管理系统实时向云端上传数据，若因相关培训不到位而引发混乱，则在一段时期内，企业的财务管理工作极有可能陷入停滞状态，进而造成不小的损失。总之，企业必须做好面对财务管理工作流程转变带来的风险。

3. 知识层面及配套资金使用层面面临的风险

大数据、物联网、云技术、人工智能都是数字经济时代的重要技术，也许一夜之间，市场中便会出现新的产品。比如智能手机全面取代传统手机并没有经过太长的时间，可能一觉醒来，财务管理工作流程、使用的智能管理软件便又会更新换代。因此，现代企事业单位在转型的过程中，所有人员的知识储备量必须逐渐递增。为达到这个目的，进行定期的培训是必不可少的，而知识本身的传递以及配套设施的购置均价值不菲。基于此，企业必须做好相关成本支出的预算编制工作，避免因资金不足而导致数字化转型停滞。

4. 转型过程中，单位各级领导决心方面的波动风险

领导者之所以能成为团队的领航者，原因在于其具备普通员工不具备的远见卓识以及决策魄力。特别是在关键的节点，领导者必须坚定自己的信念，必须抱定"我们一定会成功"的念头。但企业财务管理工作毕竟是重中之重，而数字化转型过程以及相关结果没有过多的参考方案（其他企业的成功案例

不见得适用），一旦转型过程遭遇困难，领导者不可轻易动摇决心。而为了尽量掌控转型的过程，企业各级领导需要充分收集案例，对转型过程中出现的诸多困难进行深入了解，以便顺利地完成转型。

三、企事业单位财务数字化管理转型过程中应该遵循的原则

（一）统一规划、分步实施

财务管理数字化转型过程的耗时存在"薛定谔性"，可能耗时甚久也没有效果，也可能经过短暂的调整便全面建成。其中的关键因素在于是否遵循"统一规划、分步实施"的原则。所谓"统一"是指以下方面的统一：第一，财务管理模式朝着数字化转型并不是单独进行的，而是需要与企业一道共同转型。第二，财务管理数字化转型的目的在于为了更好地服务企业正常经营业务的开展，使业务经营流程有配套的数字化、智能化财务支撑服务。在明确上述要素之后，企业财务管理转型的方向及框架便搭建完成，之后需要逐步实施。其一，组织财务管理人员进行数字化作业培训，至少应该掌握智能财务管理软件、总系统—子系统的数据上报、汇总机制，并注意权限赋予之类的问题。其二，上文提到，企业的部分财报数据需要定期面向社会披露，但这些数据不能涉及商业机密。因此，有关人员的操作权限、访问权限的设定均需十分精确，不可混淆。

（二）精简业务流程，优化管理

在业务开展方面，与财务管理有关的内容是，可通过引入全面预算管理体系等方式，重新界定在业务开展期间的资金使用流程。比如在一个项目通过审批之后，从放款开始，到项目开展期间每一个环节的资金消耗情况，均需由专门的财务人员进行追踪。每消耗一笔资金，智能管理系统中便需清晰记录。如此一来，传统财务管理工作中"模糊不清"的问题便可从根本上加以杜绝，企业的财务管理水平必定会提升。

（三）转变财务职能

为满足数字经济时代财务管理提出的各项要求，现阶段的企业组织结构分别由线上和线下两种形态构成。从企事业单位财务管理角度分析，组织结构形态变化可帮助企业管理层更加全面地掌握自身实际生产经营情况，因此对企事业单位实体经营和线上平台交易管理工作提出更高的要求。财务管理范围不仅涉及整个产业链，对其中的风险科学防控也要给予高度重视，因此，在企事业单位财务数字化管理转型过程中，需要遵循财务职能迎合时代转变原则，为企事业单位加强内部财务管理及风险有效防控提供基础保障。与此同时，就财务部门而言，需要加强针对交易平台上资金流动情况的实时监控，特别是各种风险隐患，做好突发风险预案，将风险隐患诱发的负面影响降到最低，避免造成严重的经济损失。

（四）财务手段信息化

随着企事业单位的发展，必然会产生大量财务数据，在一定程度上降低了财务信息收集与整合效率，无法体现交易数据利用的时效性。因此，在企事业单位财务数字化管理转型过程中，应遵循财务手段信息化原则，在财务工作中合理运用现代化信息技术，以加强价值管理为重心，实现科学化、精细化财务管理，既能加快财务数据处理速度，也能及时反馈各种财务信息，为企事业单位决策提供参考依据，有效规避决策失误的风险。另外，财务手段信息化发展，不仅能够缓解财务人员的工作压力，还能为会计核算工作提供便利，进一步凸显财务预测的实际作用和价值，提升财务管理工作效率和质量，全面管控财务数据，充分利用财务数据，分析企事业单位不同阶段的经营情况，为制定战略规划方案提供有价值的参考依据。

在数字经济时代，企事业单位的财务管理工作全面转型是必然趋势，无论是主动转型还是被迫转型，终归要完成"财务透明化管理"的建设。此种情况之所以具有普遍性，原因在于数字经济时代的特性——在大数据分析技术之下，除了极少数机密之外，与大众息息相关的信息不公开、不透明的行为（如企业一个周期内的资金使用情况、收益情况等）都不会受到社会大众的支持。

第二节　数字经济背景下企业财务管理模式创新

随着社会的不断发展，科学技术也不断创新和发展，改变了人们的生活习惯和生活方式，给传统企业带来了挑战和机遇。一方面，信息化技术的不断发展，使得企业生产制造向着智能化、规范化发展，企业的财务管理也需要做出适当调整，以顺应时代的发展；另一方面，信息化技术的引入，使得企业的工作和生产效率得到提高，而且还打破了传统的销售模式，使得企业在经营方面更加便捷和开放，同时，信息技术的不断发展给企业财务管理的创新和发展带来了机遇和挑战。

一、数字经济对企业财务管理模式的影响

数字经济是通过大数据的使用，使资源得到合理分配，实现经济的高质量发展，主要由数字化知识与信息两大基本要素组成，是信息技术发展的必然产物。除此之外，数字经济的运用有利于企业提高生产效率。数据经济对于经济发展起着至关重要的作用，其中，数据是其中最为重要的一环，数据是企业的隐性资产，同时，体现着企业的发展水平。信息技术不断发展的时代，需要企业不断优化基础设施建设，使劳动者和消费者增强满足感。企业财务管理是企业的重要部门，是企业经营的必备活动。在数字经济的新时代，企业需与时俱进，调整企业管理模式，顺应时代的发展不断创新、积极进取。

（1）企业财务管理除了对传统实体经济的关注外，还应该提升对互联网经济环境的关注程度。在数字经济中，企业财务管理应正确对待数字资源，在财务管理活动中，不仅要对数字资源的获取、消耗以及产出价值进行核算，

还要加强整个供应链实施过程的管理，从而提升其价值。互联网技术的发展，催生了数字金融，为企业融资和投资拓展了新的平台。例如，互联网支付、网上银行、网上贷款等数字金融平台，为企业资金结算搭建了一种高效快速的网络平台，并且涌现出一大批互联网数字和数据生产服务企业。而且相较于传统企业，新型企业的组织形式发生了质的改变，企业结构灵活，生产经营和服务的中间环境建设，扁平化趋势明显，这就需要企业顺应数字化经济发展，进行财务管理的变革。

（2）数字经济的背景使得企业的经营主体发生了改变。数字经济的背景使得企业的经营主体发生了改变，不再以实体组织为主，改为使用数字化管理，更加方便、快捷。数字经济下的财务管理，主体不仅包括实体组织，同时还增加虚拟组织、线上线下结合、平台化、生态化组织等模式。其中，虚拟组织与传统企业有着很大的区别，该类企业具有流动性、灵活性的特点，在运行过程中通过互联网、物联网以及大数据等平台使各个企业或者企业联盟形成一个供应链体系。对于一些以数据生产、供应服务的企业，不会从事实体物质产品的生产经营，仅依靠数字信息和知识技术创造价值。财务管理主体多元化发展，财务管理模式也发生了转变。

（3）在数字经济下，财务管理的对象不仅包含传统的资金、物流，还应注重对信息流的管理。在企业经营活动中，资金、物流以及信息流三者要同时相互工作，企业经营者可以通过网络对财务部门的信息情况进行查看，便于企业进行管理。

（4）数字经济背景下财务管理更加信息化、网络化。企业的财务管理工作不只是利用计量和内部管理的方式进行核算，更注重和强调财务分析和决策。传统财务管理模式主要由财会人员进行财务数据和报表信息整理，存在一定的人为因素，导致财务分析和财务决策偏差。在数字经济下，财务管理信息化、网络化，可以有效避免虚假业务，同时也给财务工作带来便利。

二、现阶段数字经济背景下企业财务管理中存在的问题

（1）财务管理理念落后。在数字经济时代下，不能继续坚持传统的财务管理理念，需要发展变革。现阶段的财务管理工作正在向着多元化发展，不再是传统的单一核算职能，要确保在数据精准的前提下，对数据做出科学的分析，利用数据为企业提出合理的建议及理论依据，从而引导决策者做出正确、科学的决策，使企业得到较快的发展。现如今，仍有部分企业采用传统的财务管理方式，不能将资源进行合理分配，不利于企业的可持续发展，容易出现许多问题，从而制约企业的健康发展。

（2）人员素质水平仍有待提高。数字经济发展的新时代，财务管理作为企业发展的重要活动需要更高的水平，企业对其也提出高要求，要求财务管理人员不仅要掌握基本的技能以及强有力的专业基础，也要了解信息技术，并掌握基本的信息技术的应用。信息技术的应用，有利于提高工作效率。大数据技术可以为企业决策做出科学的数据分析，使得企业发展不再受到制约。

（3）信息孤岛。部分企业对于财务管理信息仍有所保留，不能很好地做到信息共享，一些企业只是做好表面工作，并未做到表里如一，在信息交换方面仍存在一些问题，导致信息链接断裂，使得孤岛型现象出现。这一现象的出现原因有二：一是没有做到信息公开、透明。二是企业不能恰到好处地与其他系统融化，缺乏自身的特色，辨识度低，不能很好地体现本企业的文化特色，无法及时有效地更新企业财务管理信息。

三、信息技术发展条件下财务管理的有效措施

（1）运用大数据进行企业财务管理。信息化技术的不断发展对于企业是双刃剑，机遇与挑战并存，企业要抓住机遇寻求发展。数字经济是信息化发展的必然产物，因此，企业要想得到长足的发展，就要顺应时代的发展。依

据本企业的实际情况对企业财务管理做出调整，虚心学习数字经济，学习信息化技术，将网络资源发挥到最大化。在信息化技术飞速发展的新时代，企业要寻找适合自身的发展特点，找到自身的特色，有针对性地进行改革，将自身特色发挥到极致，给消费者留下深刻的印象。传统的财务管理模式存在弊端，需要消耗大量人力、物力，容易造成资源浪费，并且工作效率较低。数字经济减少人力、物力的消耗，将资源合理地分配，因此，企业的生产力水平得到提高，充分利用网络资源，将财务管理数字化，提高工作效率以及精确度，节省人力、物力，制定严格的规章制度，深入贯彻落实各项工作，从而带动企业高速发展。

（2）基于智能化的企业智慧财务管理。信息化技术的发展推动智能技术的发展，使得企业数字化加快，推动企业的发展进程。技术是企业的核心资源，是一个企业发展的不竭动力，企业将数字技术应用于新技术的开发，有利于节约资源，提高研究效率，同时，企业要改善管理模式，充分利用大数据技术，将大数据技术发挥到极致，对数据进行精确的处理，给出合情合理的分析，做出报告总结，帮助企业合理定位自身的发展。企业依据自身实践，调整管理模式，一方面对企业内部的开销进行管理，节约成本；另一方面，有助于企业内部管理模块升级，实现财务数据共享，促进企业间的相互帮助，使得企业的工作效率提高，同时工作质量也有所保障。

（3）企业数据一体化财务管理模式。数字化技术的发展，促使各企业都在抓住时机，加快企业自身的数字化进程，财务管理是企业的重要环节，是连接企业各部门的枢纽，将企业紧紧联系在一起，因此，应打通各环节间的智能协调，促进企业间的联系，为财务管理的智能化奠定基础。企业财务管理数据化能够有效地满足虚拟经济的发展需要，线上获取数据更加便捷，通过物联网获取数据，将数据进行整理、分类，做出使科学的计算，给出严格的报告。数据是企业的重要因素，也是企业的核心竞争力，因此企业要不断学习，加大投资力度，优化企业管理模式，提高管理人员素质，最终使企业得到发展。

（4）创新企业财务管理模式的优化策略。新时代是科技不断发展的时代，是信息化时代也是数字化时代，为顺应时代的发展，企业需要改进财务管理模式，不断加强网络基础设施建设，只有完善的网络系统才能够支持数字化、智慧化财务管理工作。部分网络基础设施水平较差的企业，首先应加大软件和硬件基础设施的投入，初步实现财务数字化的系统建设。然后结合企业特色开发个性化企业财务管理系统。最后，企业建立的全新的财务管理模式要建立在大数据、云计算等新型技术的基础上，确保企业财务管理模式符合时代的发展要求。另外，在数字经济背景下，企业要消除贸易本土化壁垒，一方面，在数字经济时代，市场的开放程度越来越高，数据信息流动性强，企业应做好公共信息安全，确保个人隐私安全；另一方面，"无规矩不成方圆"，制度是企业发展所必需的，企业要制定完善的财务管理规章制度，改变传统的财务管理模式，利用财务管理系统为消费者提供舒适的服务，增强消费者的体验感和满足感，使企业得到长足发展。再者，企业要始终确保网络信息的安全性，数字化技术、云计算技术的应用虽然能够大幅提升企业财务管理效率，提升财务管理成效，但是企业要重视信息安全，一旦企业系统出现安全漏洞，将会导致企业重要信息泄露，导致企业损失惨重。因此，企业要重视网络安全，确保企业财务管理信息化数据安全。此外，政府应给予一定的支撑，无论是政策上还是资金上，引导企业科技创新的同时，结合本地区的金融机构和信息技术机构给予企业资金和技术的支持，加快企业数字化转型。

企业的健康发展要顺应市场需求和社会的发展，这就需要企业内部加强人才队伍的建设，建立完善的培训机制，提升财务人员财务专业知识和信息化技术水平。同时，不断优化内部财务管理体制，结合数字化时代特色，制定个性化财务管理体系，将大数据、云计算技术服务平台融入企业日常运营活动中，加强企业信息流管控。另外，企业还要加强网络安全管理，促进企业信息内部透明化、共享化，消除企业安全漏洞，降低企业经营风险。此外，企业要贯彻和落实财务管理系统智能化、数字化建设，为企业的可持续发展打下坚实的基础。

第三节　数字经济时代商科应用型财会人才培养体系

一、数字经济对财会人员的新要求

数字经济，是直接或间接利用数据来引导、实现资源的财会优化配置与再生，实现经济高质量发展的经济形态，其本质在于信息化和数字化，即利用大数据、云计算、物联网、区块链、人工智能、5G 通信等新兴技术，服务于企业生产经营和运营管理的方方面面，包括制造、研发、金融、商事、财税、人力、法务、办公等，快速、规模化地支持和实现不同规模的企业整体转型升级，帮助企业提升管理水平，降本增效。安永对全球 750 家跨国公司 CFO 的调查显示，数据经济对财务财会职能在多个方面产生了颠覆效果。其中，58% 的受访者表示，他们需要加深对数字化、智能技术和复杂的数据分析技术的了解，数据交付和高级分析技术将是未来财务职能部门最需要的关键能力； 57% 的财务主管认为，风险管理将成为未来的一项关键能力，也将越来越多地对支撑财务目标的相关决策的道德性负责。结合高校财会专业人才培养实际情况，数字经济环境下的传统财会人员要在知识、能力和素养方面，满足诸多新的要求。

（一）知识能力结构发生重大变化

传统财会人员严格遵照企业财会准则，通过相对准确合理的确认、计量、记录和报告工作，披露对相关利益者决策有用的高质量财务信息，同时履行责任受托义务。然而，与传统财会环境相比，数字经济环境下不断涌现的新业态和层出不穷的业务场景，使得财会人员面临高度复杂的业务处理环境，增大了财会决策的不确定性。财会人员不仅需要精通财管、财会、审计、税务、金融等专业知识，而且还要熟悉财经法规、公司治理、经营管理、企业并购、内部控制，并且知晓信息技术以及本企业业务特点、生产工艺等方面的内容，从而逐步向复合型财务人才发展。

（二）信息技术成为重要和关键技能

数字经济要求财会人员不仅要学习和掌握新技术概念和内涵，而且还要深刻理解新技术给企业运营和财会工作带来的巨大影响。对于流行的新型财务技术，如机器人流程自动化（RPA）、敏捷业务财务（ABF）、区块链（Block Chain）、高级分析技术（Advanced Analysis）、机器学习（machine learning）和人工智能（AI）等不断出现的新技术始终保持敏感性，熟练地使用先进信息技术解决工作中面临的现实财务难题，以大数据为中心熟练进行收集、存储、处理、分析和可视化呈现，从海量数据中快速并准确地挖掘出数据内部的特征和规律，获得数据驱动的业务洞察力。

（三）重视团队合作与沟通能力

传统财会工作环境下岗位责任分工明确，部门之间或部门内部的协同较弱。但在数字经济环境下共享数据是最重要的生产资料，要求财务和非财务信息必须按照适当的方式，以适当的手段保障在适当的时间和地点，被适当的人方便地获取。为了达成这种组织目标，除了企业结构设计以外，财会人员需要良好的团队协作精神。企业通过项目团队组织方式代替了传统职能型组织结构，通过创造跨组织和跨部门的数据流动，融合企业内外部人力资源协同完成企业目标。因此，数字经济下的财会专业必须研究如何将团队协作融合到人才培养过程中去。

（四）对潜在法律风险的切实控制

数字经济的平稳发展与和谐运行，时刻离不开法律的保障。传统财会人员一般要求掌握如经济法、税法等相关知识即可，但数字经济环境下不断涌现的各种新技术应用场景，财会人员处理不当可能会给企业带来巨大的经营和财务风险，同时触碰法律底线。如区块链能够以代码代表法律，通过可编码形式的智能合约约束、引导和规范人们的行为和交易，形成一种技术与法律上的实质协同。因此，数字经济深刻地改变了经济社会的运行方式，需要财会人员更新自身法律知识，充分了解企业经营与财务风险产生的新模式，为企业财务目标的实现保驾护航。

（五）提升开放思维与创新意识

数字经济具有强烈的全球化特征，不可避免地要在财会这种通用商业语言上留下印记。数字经济环境下的财会人员，不仅要熟悉本国的财会准则，而且还要了解国际财会准则，清楚地知晓不同国家贸易法规、外汇汇率、税务政策之间的差异，并充分利用信息技术手段消除信息规模、获取和传播时间和空间上的各种障碍，能够顺畅地从全球收集和分析财会数据，并向国际客户提供必要的财会服务。同时，财会人员要不断跟进国际财会先进理论和技术，勇于创新，充分利用全球化制度差异的便利性，为财会目标的实现创造最优条件。

二、商科应用型财会人才培养的体系构建

数字经济对财会人员提出的若干新要求，明确了高校财会人才培养的基本质量特征。然而，行业特征、院校层次、人才类型、办学特点在财会人才培养上具有很大的差异性，导致研究应用范围不清。考虑到财会人员的从业领域与性质，笔者定位在商业领域本科院校，并以应用型本科财会人才培养体系为研究对象，呼应数字经济对财会人员提出的新要求，提炼和归纳商科教育新特征，重构财会专业课程模块，提出实践教学体系，初步构建"新商科"概念下应用型本科财会人才培养体系。

（一）商科应用型财会人才培养的特征

商科院校本科应用型财会人才培养要建立"新商科"理念，凸显"七个新"

特征。一是理论新，以习近平新时代中国特色社会主义思想为指导，基于数字经济理论开展应用创新，创造育人活力；二是内涵新，要能全面反映新技术、新业态、新商业模式，对接市场需求，促进商科财会人才的培养内容改革与创新；三是思维新，财会人才培养注重开放、法治、创新和计算思维培养，并覆盖人才培养的全过程；四是类型新，培养常规性、拔尖性、特长性三种类型应用型财会人才，凸显财会人才培养类别、规格的独特性；五是课程新，构建"商科+技术+人文+法律"的财会专业课程体系，适应商业变革的应用能力培养；六是资源新，充实和更新校内外实践资源，确保课程内容与职业标准相融合、教学过程与商业实践相融合、专业教育与创业教育相融合；七是手段新，凸显新时代商科特色的教学方法、本领和学业考核方式，实现"从教向学"的转变。

（二）商科应用型财会人才培养的课程体系

商科院校本科应用型财会人才培养体系的"七个新"特征具体落脚点在财会专业课程体系的改革上。本着"商科+技术+人文+法律"的多学科交叉建设特色，整个培养体系结构进行了凝练和提升，划分为通识课程、学科共同课程、专业核心课程、专业选修课程四个部分，并从改革理念、具体思路、能力定位、课程设置等角度进一步明确了各部分内涵。

通识课程的目标是奠定扎实的数理、法律和外语基础，通过增加高等数学、概率论与数理统计等课程深度和难度，增加商务英语、《民法典》、应用商法等课程，为学生学科交叉融合和后续专业课程学习提供支撑。同时通识课程扩大了信息技术类课程范围，增设了数据库原理及应用、Python语言、人工智能基础等课程，以使财会专业人才能对商业前沿技术始终保持敏感，为后续技术课程的深入学习提供保证。

学科共同课程的目标是实现"一体化"。按照"一体化"要求，统一框架，优化财会所属学科课程门数和学时，构建紧密衔接、相互配合的学科课程资源库，实行相同的教学大纲，保持深度、难度、进度同步，夯实学生学科基础理论知识，提升商业活动认知和理解能力。

专业课程目标是实现"实战化"和"精品化"。对专业核心课程，如基础财会、中级财务财会、高级财务财会、财务管理、审计学等课程，必须在国家一流课程建设标准下，对标学生专业基础知识和能力，将课程思政建设、最新科研成果转化为教学内容、国内外优秀教育资源引入、职业标准对接作为核心课程建设的重要考评指标，扎实开展"金课"特色化建设；对专业非核心课程，提倡财会专业尽可能使用真实商业案例和企业现场数据，运用大数据、人工智能等商业新技术，开展情境仿真、知识交叉、技能综合等理论与实践相结合的训练，提升学生岗位业务处理、专业分析与综合应用能力。同时，选择 2~3 门财会专业课程，增加课内的课程设计环节，强化学生理论与实践相结合。

专业选修课程的目标是实现"多样化"。针对专业限选、专业任选模块，进一步增设反映新商业模式、新业态、新技术等选修课程，扩充选修课程数量，促进与财会专业相关的多科知识深度融合，深入培养学生创新、计算、开放、法治等思维，强化学生的新商科知识迁移、职业胜任、管理决策能力的培养，为应用型本科财会人才就业做好充分准备。

（三）商科应用型财会人才培养的实践教学体系

商科院校本科应用型财会人才培养体系的"七个新"也体现在实践教学环节，重视学生应用能力培养的逻辑安排。在数字经济的时代背景下，商科院校本科应用型财会人才培养实践教学的目标和内容，就是要使学生理解新技术对商业过程、形态、模式的重构和再造，从理论层面、技术层面、综合层面培养和训练学生的实践应用能力，完成对基础知识、技术能力和综合素质的提升。

理论应用是对基础知识的实验与体验，通过沙盘认知建立商业理解能力来提升通道，结合基础财会实战、财务财会综合实验，进一步深入财务管理、税务、审计等实践环节，并以跨专业综合实验，形成对照理论课程的应用逻辑，有助于学生在财会处理技能提升的同时养成良好的职业判断。理论应用为技术应用做好了专业内容铺垫，增设 RPA 财务机器人、ERP 与业财融合、财务共享服务、Excel 与数据分析进阶、Python 财务大数据分析、区块链财会、智能财会等课程，基本覆盖了在数字经济环境下财会工作数据的采集、存储与处理、分析和呈现、场景应用等各个阶段，鼓励学生自由利用这些新技术在实验室中开展各种应用创新。若补充数据库原理与应用、人工智能基础、大数据技术应用等通识课程，则可以构建出这些技术类实践课程的时序关系，以反映课程之间的前导与后续关联。

对财会基础理论和新技术的充分应用和全面掌握，保证了学生有能力应对大学四年不断的财会认知实习、专业调研、学年论文、专业实习、毕业实习直至毕业论文的综合应用压力，确保实践内容与职业标准相融合、教学过程与商业实践相融合，完成理论和实践的统一。

商科院校本科应用型财会人才培养实践体系的良好运转，非常依赖校内外资源的更新水平。由于财会专业实践环境的特殊性，较少的校内外平台资源无法担负财会专业实践需求，必须依托政、产、企、学、研多方资源，通过教育部产学合作项目，依托商业领域对接优势，与企业开展深度校企合作，共同建设和打造联合实践基地，同时应不断加强实践基地建设标准，为学生提供校内外实践教学和就业服务。一是紧密围绕商业领域开展实践教学，有的放矢地更新商业领域实践案例。二是加强实验课程标准，采用 CDIO 等模式开展实践教学，根据实验课程的训练目标、过程、结果，将实验课程划分为验证型、综合型、设计型、创新型，对实验教学进行分类指导，加强实验属性判定和可行性论证。三是引入"企业家课堂"等企业在线教学资源，校企双方共同开发实践应用课程。四是加强商科院校本科应用型财会专业实践教材建设，大力推进校内活页式实验手册的编写，阐述基本理论知识，反映新商业模式、新业态、新技术特征，对照企业职业能力培养标准，注重合作企业真实商业案例的实验教学应用，突出专业实践课程的实战性，并将实战效果纳入学院教学成果奖励体系。

（四）商科应用型财会人才培养的教学方法创新

为了提升解决实际问题的应用能力，商科应用型财会人才培养除使用体验式、引导式、研究式教学方法外，更加偏爱利用商业案例开展教学，引导学生通过对实际案例的阅读和分析，掌握案例的原理和事实，代入情境深入理解行为和决策的优劣，发现问题的因果关联，主动寻找解决手段。但在传统教学模式下，案例教学法存在学时有限、师生交互不充分等缺点，教学效果不令人满意。

随着以互联网技术等信息化手段对教育教学全过程的支持，财会教学方法日益丰富，结合"线上""线下"教学优势，可以有效克服传统案例教学的缺点，形成独特的"以商业案例为中心的混合式教学"方法。利用"课堂派""学习通"等在线教学工具，教师发布教学案例和任务要求，学生分组开展案例阅读和分析，并利用在线平台首次提出个人见解。然后，各组长组织线上视频讨论，学生充分陈述自己的观点，分别利用在线平台进行见解修正，形成各组统一意见。平台邀请企业管理人员，就各组观点点评打分，教师给各组打分，小组之间互相点评打分，最终形成案例分析的成果评价。这个过程充分反映了民主集中原则、团队合作原则、理论实践相统一原则，利用信息化技术将案例教学与混合式教学的优势充分结合。同时，通过采纳反映马克思主义政治经济学、数字经济概念的商业案例，反映新技术、新业态、新商业模式的商业案例，反映市场最优资源要素配置的商业案例，以及真实来自商业领域工作现场的商业案例，最大限度地支撑新商科应用型财会人才培养的"七个新"特征，力求掌握新时代商科特色的教学方法，扎实培养学生的应用能力，实现"从教向学"的转变。

数字经济已成为我国经济增长的新动能，各种新技术、新业态、商业模式层出不穷。在这种环境下，要求应用型本科财会人才必须成为复合型人才，完成理论储备、思维方式、技术理解、应用实践等各方面的快速转型。

本书定位于商业领域本科院校，提出应用型本科财会人才培养所必备的知识能力结构、"七个新"特征、课程体系设置、教学体系构建，以及教学方法和方式改革和创新路径，较为系统地探讨和建立了数字经济时代背景下的应用型财会人才培养体系，为同类财经院校应用型财会人才培养提供了有益的借鉴。

第三章 智能财务概述

第一节 人工智能的内涵

一、人工智能的内涵

（一）人工智能的内涵

人工智能（ArtificialIntelligence，简称 AI）是指通过模拟人类智能的方式，使机器能够像人一样进行思考、学习、推理和决策的技术和应用领域。它涵盖了多个子领域，包括机器学习、深度学习、自然语言处理、计算机视觉等。人工智能的目标是使机器能够具备感知、理解、推理、学习和决策等智能能力，以解决复杂的问题和完成各种任务。人工智能的应用广泛，包括语音识别、图像识别、自动驾驶、智能机器人、智能推荐系统等。

二、人工智能涵盖的内容及特点

（一）人工智能涵盖的内容

1.模拟人类智能

人工智能旨在通过计算机系统模拟人类的智能行为和思维过程，包括对知识和经验的理解、推理、学习、规划、决策等能力。人工智能的目标是使计算机系统能够像人类一样进行思考、学习和解决问题。

2. 机器学习

人工智能的重要组成部分是机器学习。机器学习是一种基于数据和算法的自动学习方法，通过让计算机系统从数据中发现模式和规律，从而提高其性能和智能水平。机器学习使得计算机系统能够根据经验和数据不断优化和改进自己的行为和决策能力。

3. 自然语言处理

自然语言处理是指让计算机理解和处理人类语言的能力。通过自然语言处理技术和计算机可以识别、理解、生成人类语言，实现人机交互。自然语言处理技术广泛应用于语音识别、机器翻译、智能客服、情感分析等领域中。自然语言处理是人工智能的一个重要研究领域，旨在使计算机系统能够理解、处理和生成自然语言。自然语言处理包括文本分析、语音识别、机器翻译等技术，使得计算机能够与人类进行自然的语言交流和理解。

4. 计算机视觉

计算机视觉是指让计算机具备像人类一样的视觉感知能力。通过计算机视觉技术，计算机可以识别、分析、理解图像和视频等多媒体数据。计算机视觉技术广泛应用于人脸识别、物体检测、场景分析、自动驾驶等领域中。

计算机视觉是人工智能的另一个重要领域，旨在使计算机系统能够理解和处理图像和视频数据。计算机视觉包括图像识别、目标检测、图像生成等技术，使得计算机能够感知和理解视觉信息，实现图像和视频的智能处理和分析。

5. 强化学习

强化学习是通过试错和反馈机制来训练计算机系统的学习方法。通过给计算机系统提供奖励和惩罚的反馈制度，使其能够从错误中学习并逐步改进策略和行为。强化学习使得计算机系统能够在复杂和不确定的环境中做出优化的决策和行动。

6.知识表示与推理

知识表示与推理是指让计算机具有表达和推导知识的能力。通过知识表示与推理技术，计算机可以存储、管理和运用知识，实现基于知识的推理和决策。知识表示与推理技术广泛应用于专家系统、智能决策支持系统等领域。

7.语音识别与生成

语音识别与生成是指让计算机具备语音识别和语音生成的能力。通过语音识别技术，计算机可以识别并转换成文本格式的语音输入；通过语音生成技术，计算机可以生成自然语言文本。语音识别与生成技术广泛应用于智能语音助手、虚拟现实等领域。

（二）人工智能的特点

1.学习能力

人工智能可以通过训练和学习来获取知识和技能，不断提高自己的性能和表现。

2.自主决策

人工智能可以根据输入的信息和预设的规则，自主地做出决策和行动。

3.自适应性

人工智能具有自适应的特点，能够根据环境的变化和任务需求调整自己的行为和策略。人工智能可以通过分析环境中的信息和反馈，实时调整自身的决策和行动，以适应不同的情境和任务要求。

4.大数据处理能力

人工智能可以处理和分析大量的数据，从中提取有用的信息和模式。

5.高效性

人工智能可以在短时间内处理大量的任务和问题，提高工作效率。

6. 可扩展性

人工智能可以通过增加硬件资源或改进算法来提升性能和能力。

7. 创造性

人工智能可以生成新的创意和解决方案，具有一定的创造性能力。

8. 自主性

人工智能具备一定的自主性，能够根据任务需求和目标进行自主的决策和行动。人工智能能够根据已有的知识和经验，通过学习和推理等能力，自主地制定和执行策略，进而解决问题和完成任务。

9. 创造性

人工智能具备一定的创造性，能够生成新的思路和解决方案。通过机器学习和生成模型等技术，人工智能能够生成新的内容和创意，推动创新和创造力的发展。

三、人工智能的能力体现及用途

（一）人工智能的能力体现

1. 学习能力

人工智能通过机器学习和深度学习等技术从数据中提取模式和规律，不断改进算法和模型。人工智能能够从数据中提取规律和模式，并根据这些规律和模式来改进自身的行为和决策。通过机器学习和深度学习等技术，人工智能能够从大量的数据中进行学习，并根据学习到的知识和经验做出决策和预测。

2. 推理能力

人工智能具备推理的能力，能够从已有的知识和经验中进行逻辑推理和推断。

通过推理，人工智能可以从有限的信息中得出更加全面和准确的结论，支持决策和解决问题。

3. 感知能力

人工智能具备感知的能力，能够感知和理解外部环境中的信息，包括自然语言处理、计算机视觉等技术使得人工智能能够感知和理解语言、图像和视频等非结构化数据，以支持智能的交互和决策。如利用计算机视觉和语音识别技术，感知和理解外部环境中的信息，处理图像、视频、语音等非结构化数据，从中提取特征和意义。

4. 决策能力

人工智能能够根据学习和推理的结果，做出自主的决策和行动。人工智能可以根据任务的需求和目标，制定和执行策略，解决问题和完成任务。

5. 语言处理能力

人工智能能够理解和处理自然语言，包括文本分析、自动翻译、语音识别等，可以进行语义理解、信息提取和生成自然语言等任务，与人类进行交流和互动。

6. 创造能力

人工智能具备一定的创造性，能够生成新的思路和解决方案。通过机器学习和生成模型等技术，人工智能能够生成新的内容和创意，推动创新和创造力的发展。

7. 自适应能力

人工智能具有自适应的特点，能够根据环境变化和任务需求调整自身的行为和策略。它可以通过分析环境中的信息和反馈，及时调整自身的决策和行动，以适应不同的情境和任务要求。

总体来说，人工智能具有感知能力、学习能力、推理能力、决策能力、语言处理能力、创造能力和自适应能力等核心能力。这些能力使得人工智能能够模拟和延伸人类智能，为各个领域的问题和任务提供智能的解决方案。人工智能的发展旨在让计算机系统具备类似人类思维和智能能力，为人类社会带来更多的便利和创新。

（二）人工智能的用途

1.语言处理

人工智能可以理解和处理自然语言，包括文本分析、语义理解、机器翻译等。

2.图像识别

人工智能可以识别和理解图像内容，包括物体识别、人脸识别、图像分类等。

3.语音识别

人工智能可以识别和理解语音内容，包括语音转文字、语音命令识别等。

4.自动驾驶

人工智能可以通过感知和决策来实现自动驾驶，包括车辆控制、交通规划等。

5.推荐系统

人工智能可以根据用户的兴趣和行为，提供个性化的推荐和建议。

6.金融分析

人工智能可以通过大数据分析和机器学习算法，进行金融市场的预测、风险评估等。

7.医疗诊断

人工智能可以通过医学图像来分析和病历数据处理，辅助医生进行疾病诊断和治疗方案的制定。

8.智能助理

人工智能可以通过对话交互,提供日常生活中的帮助和服务,如智能音箱、智能手机助手等。

第二节　智能财务的内涵

一、智能财务的发展背景

通过探讨智能财务的发展背景,并通过已有研究分类、已有研究述评等方面,引出当前智能财务领域的研究问题,总结出智能财务的研究现状,并提出未来研究的方向和挑战。

智能财务是指利用人工智能技术来提高财务管理和决策过程的效率和准确性的领域。随着科技的不断发展和人工智能技术的日益成熟,智能财务在近年来取得了长足的发展。

首先,传统的财务管理过程往往需要大量的人力和时间来完成。例如,财务报表的生成、数据分析和预测等工作需要财务人员进行繁琐的手工操作和复杂的计算。然而,这种传统的方式存在着效率低下和容易出错的问题。智能财务的出现为财务管理带来了新的机遇,通过引入人工智能技术,可以实现自动化的处理和数据分析,从而提高财务工作的效率和准确性。

其次,智能财务能够对海量的数据进行快速的分析和处理。在现代商业环境中,企业面临着大量的数据,包括销售数据、供应链数据、市场数据等。传统的财务管理往往无法有效地处理这些数据,并从中提取有价值的信息。而智能财务利用人工智能技术,可以对这些数据进行智能化的分析,从中发现潜在的商机和风险,并为决策提供有力的支持。

此外,智能财务还能够帮助企业进行预测和规划。通过对历史数据的分析和模型的建立，智能财务可以预测企业未来的财务状况和业绩表现，为企业制定合理的财务策略和规划提供参考。这种基于数据的预测和规划能够更加准确和科学，有助于企业在竞争激烈的市场中保持竞争优势。

二、智能财务的发展概述

总的来说，智能财务的发展背景主要源于科技的进步和人工智能技术的应用。它为财务管理提供了新的思路和方法，能够提高财务工作的效率、准确性和决策的科学性。随着人工智能技术的不断发展和应用，智能财务在未来将会持续发展壮大，并为企业带来更多的商业价值。

（一）已有研究综述

在财务数据分析与挖掘方面的研究中，已有研究主要集中在数据的清洗、特征提取和模型构建等方面。然而，仍存在数据质量不高、特征选择不准确等问题。在财务预测与决策支持方面的研究中，已有研究主要关注预测模型的构建和决策支持系统的设计。然而，预测模型的准确性和决策支持系统的实际应用仍存在一定的局限性。在财务风险管理与控制方面的研究中，已有研究主要关注风险评估和风险控制方法的研究。然而，风险评估的准确性和风险控制方法的实际效果仍需要进一步的研究和验证。

（二）引出研究问题

基于对已有研究的综合分析，引出了以下几个智能财务领域的研究问题：如何提高财务数据的质量和准确性？如何选择合适的特征提取方法和模型构建方法？如何提高财务预测模型的准确性和决策支持系统的实际应用效果？如何改进风险评估方法和风险控制策略？未来的研究可以从这些问题出发，进一步推动智能财务领域的发展。

通过对智能财务领域的研究背景、概念界定、已有研究分类和已有研究述评的综合分析，引出了当前智能财务领域的研究问题。未来的研究可以从提高财务数据质量、改进特征提取和模型构建方法、提高预测模型准确性和决策支持系统应用效果、改进风险评估方法和风险控制策略等方面展开。这些研究问题的解决将有助于推动智能财务领域的发展，提高财务决策的效率和准确性。

三、智能财务的定义

智能财务（Intelligent Finance）：智能财务是指利用人工智能技术和大数据分析、云计算等先进技术手段，对财务数据和财务状况进行智能化处理和分析，实现财务管理的自动化、智能化和实时化，以提高财务决策的准确性和效率、改进和提升财务管理和决策的一种新型理念和方法，从而为企业提供更高效、更精准、更智能的财务管理服务。

四、智能财务的内涵

（一）数据驱动

智能财务以数据为基础，通过对数据的收集、整理、分析和挖掘，提取出有价值的信息，为企业的决策和规划提供数据支持。数据驱动的实现需要依靠先进的数据分析技术和工具，例如大数据分析、数据挖掘等。

数据驱动是指在决策和行动过程中，依据数据和分析结果来指导和支持决策的方法。通过收集、整理和分析大量的数据，可以获取有关业务、市场和客户等方面的信息，从而可以更加准确地了解现状、预测趋势，并做出基于数据的决策。

1. 数据驱动的特点

数据驱动是指在决策和行动中使用数据作为主要依据和指导的方法。以下是数据驱动的特点：

（1）客观性

数据驱动的决策和行动基于实际数据和事实，而不是主观的假设或个人的意见，通过分析和解释数据，可以得出客观、可量化的结论。

（2）精确性和准确性

数据驱动依赖于准确和可靠的数据收集和分析。通过使用大量的数据和科学的分析方法，可以获得更准确的结果，避免主观判断和误导。

（3）实时性

数据驱动强调及时获取和分析数据，以便快速做出决策和采取行动。实时数据可以提供最新的信息，帮助应对变化和调整策略。

（4）可量化和可衡量性

数据驱动的决策和行动可以通过指标和度量进行量化和评估，可以更好地跟踪进展、评估绩效，并进行比较和优化。

（5）预测性和预防性

数据驱动可以通过分析历史数据和趋势，预测未来的发展和趋势，有助于提前做出调整和预防潜在的问题。

（6）反馈循环

数据驱动强调不断的反馈和学习。通过收集反馈数据，可以评估决策和行动的效果，并进行改进和优化。

（7）数据驱动文化

数据驱动需要建立一个注重数据分析和决策的文化。包括培养数据意识、数据素养和数据技能，以及鼓励数据进行共享和合作。

数据驱动的特点使得决策和行动更加科学、准确和有效，可以帮助组织和个人做出更明智的决策，并取得更好的结果。

2. 数据驱动的应用场景

数据驱动的方法可以应用于各个领域中，包括企业管理、市场营销、产品开发、运营管理等。以下是数据驱动的应用场景：

（1）提供客观依据

数据驱动的决策基于实际数据和事实，避免了主观偏见和个人意见的影响。通过数据的客观性，可以更加准确地评估问题和机会，并做出更明智的决策。

（2）发现隐藏模式和趋势

通过对大量数据的分析，可以发现隐藏在数据背后的模式和趋势。这些模式和趋势可能对业务发展和决策有重要影响，通过数据驱动的方法，可以更好地把握市场机会和风险。

（3）支持实时决策

数据驱动的方法可以实时收集和分析数据，帮助企业及时了解市场变化和客户需求的变化。企业可以更快地做出决策和调整策略，提高反应速度和竞争力。

（4）优化资源配置

通过数据驱动的方法，可以更好地了解资源的利用情况和效果，从而优化资源的配置和利用效率。例如，在市场营销中，通过分析客户数据和行为模式，可以精确地定位目标客户群体，提高市场推广的效果。

总之，数据驱动是一种基于数据和分析结果来指导决策和行动的方法。通过充分利用数据的价值，企业可以更加准确地了解现状、预测趋势，并做出更明智的决策，从而提升业务绩效和竞争力。

（二）自动化处理

智能财务通过自动化处理技术，将传统的手动输入和处理转化为自动化操作，提高了财务处理的效率和准确性。例如，利用机器人流程自动化（RPA）

等技术，可以自动化完成财务数据的录入、核对和报告生成等工作。

自动化处理是指利用计算机技术和软件工具来替代人工操作，实现任务的自动执行和处理。通过自动化处理，可以提高工作效率、减少错误和成本，并释放人力资源用于更高价值的工作中。

1. 自动化处理的主要特点

自动化处理的主要特点包括以下几个方面：

（1）灵活性

自动化处理可以根据需求进行灵活调整和定制。通过编程或配置，可以对自动化设备、系统或软件进行调整，以适应不同的处理任务和工作流程。这种灵活性使得自动化处理能够适应不断变化的需求和环境。

（2）一致性

自动化处理可以确保处理过程的一致性。相比于人工操作，自动化设备和系统可以按照预定的规则和程序执行任务，避免了因人为因素导致的差异和不一致。这有助于提高产品和服务的质量，并增强客户的满意度。

（3）能力扩展性

自动化处理可以支持大规模和高容量的处理需求。自动化设备和系统可以处理大量的数据、物品或任务，而无需额外的人力资源。这使得企业能够扩展其业务规模，满足不断增长的需求。

（4）效果可量化

自动化处理可以通过数据分析和指标评估来量化其效果。通过收集和分析处理过程中的数据，可以评估自动化处理的效率、准确性和成本效益等方面的表现。这有助于企业做出决策和改进，以进一步优化自动化处理的效果。

（5）准确性

自动化处理可以消除人为的错误和疏忽，提高处理的准确性和一致性。自动化系统可以按照预先设定的规则和程序进行操作，减少因人为因素引起的错误。

（6）高效性

自动化处理可以大大提高工作效率，减少人工操作和时间成本。通过自动化处理，可以快速、准确地完成重复、繁琐的任务，节省人力资源。

（7）可靠性

自动化处理可以降低系统故障和停机的风险，提高系统的可靠性和稳定性。自动化系统可以做到持续运行和监测，及时发现和处理故障。

以上特点共同构成了自动化处理的优势和价值，使其成为现代工业和商业领域中不可或缺的一部分。

2. 自动化处理的应用场景

可以应用于各个领域中，包括生产制造、物流运输、数据分析、客户服务等。以下是常见的自动化处理的应用场景：

（1）生产制造

在生产线上，可以使用自动化设备和机器人来完成重复性、繁琐的工作。例如生产线上的机器人和自动化装配系统可以实现高效、精确的生产过程，提高生产效率和产品质量。

（2）数据处理

在数据分析和处理方面，可以使用自动化工具和算法来处理大量的数据，进行数据清洗、转换、分析和可视化。这样可以提高数据处理的速度和准确性，帮助企业做出更好的决策。

（3）客户服务

在客户服务领域，可以使用自动化的聊天机器人或语音助手来回答常见问题、提供基本支持，从而减轻客服人员的负担，提高客户满意度。

（4）物流和仓储

自动化处理在物流和仓储领域可以实现自动化的货物搬运、分拣和存储，提高物流的效率和准确性。

（5）银行和金融

自动化处理在银行和金融领域可以应用于自动柜员机、电子支付系统、风险评估模型等，提高服务效率和安全性。

（6）医疗保健

自动化处理在医疗保健领域可以应用于医疗设备、药物配送系统、病历管理等，提高医疗服务的效率和准确性。

（7）家庭和办公环境

自动化处理在家庭和办公环境中可以应用于智能家居系统、自动化办公设备等，提高生活和工作的便利性和舒适度。

（8）交通运输

自动化处理在交通运输领域可以应用于自动驾驶汽车、交通信号控制系统等，提高交通安全和效率。

（9）能源和环境

自动化处理在能源和环境领域可以应用于智能电网、能源管理系统、环境监测等，提高能源利用效率和环境保护。

总之，自动化处理通过利用计算机技术和软件工具来替代人工操作，实现任务的自动执行和处理，可以提高工作效率、减少错误和成本，并释放人力资源应用于更高价值的工作。随着技术的不断发展，自动化处理在各个领域都有广泛的应用前景。

（三）实时监控

智能财务通过实时监控技术，对企业的财务状况进行实时监测和分析，及时发现和解决潜在的财务风险和问题。实时性使得企业能够更好地掌控财务状况，提高决策的及时性和准确性。

实时监控是指对某个系统、设备或过程的实时数据进行持续监测和跟踪，以及及时采取行动以确保系统的正常运行或修复故障。

1. 实时监控的主要特点

实时监控的主要特点包括以下几个方面：

（1）实时数据采集

通过传感器、仪表等设备对系统或设备的关键参数进行实时的数据采集，获得准确的实时数据。

（2）实时数据传输

将采集到的实时数据通过网络或其他通信方式传输到监控中心或相关的监控系统中，实现数据的实时传输。

（3）实时数据展示

通过监控中心或监控系统将实时数据进行展示，通常以图形、图表等形式呈现，使监控人员能够直观地了解系统的状态。

（4）实时告警和报警

当系统或设备出现异常情况时，实时监控系统会通过声音、图像、短信等方式向相关人员发送告警或报警信息，以便及时采取措施。

（5）实时响应和控制

根据实时监控数据和告警信息，监控人员可以及时采取相应的措施，例如进行故障排查、设备维护或更换等，以确保系统的正常运行或修复故障。

2. 实时监控应用场景

实时监控是指通过实时采集、传输和分析数据，以及即时反馈和报警机制，对特定领域或对象进行持续监测和控制的过程。以下是常见的实时监控应用场景：

（1）工业生产监控

在工业生产中，实时监控可以用于监测生产线上的设备运行状态、生产过程中的关键参数，以及产品质量等。通过实时监控，可以及时发现异常情况并采取相应措施，提高生产效率和产品质量。

（2）交通监控

实时监控可以应用于交通管理系统，通过监测交通流量、车辆速度、交通事故等信息，实时掌握道路的交通状况，以便进行交通调度和优化，提高交通运行效率和安全性。

（3）环境监测

实时监控可以用于环境监测，例如监测大气污染物浓度、水质、噪音等环境指标。通过实时监控，可以及时发现环境异常情况，并采取相应的环境保护措施。

（5）安防监控

实时监控可以用于安防领域，例如监控摄像头、入侵报警系统等设备，实时监测和记录安全事件，及时发现并应对潜在的安全威胁。

（6）健康监护

实时监控可以应用于健康领域，例如监测患者的生命体征、病情变化等信息，以及进行远程医疗监护。通过实时监控，可以及时发现患者的异常情况，并采取相应的医疗措施。

（7）金融交易监控

实时监控可以用于金融领域，例如监测交易市场的交易行为、异常交易等，以及进行风险控制和欺诈检测。通过实时监控，可以及时发现潜在的风险和欺诈行为，并采取相应的措施。

总之，实时监控可以应用于工业生产、交通管理、环境保护、安防监控、健康监护、金融交易等各个领域中，通过实时采集、传输和分析数据，及时掌握和处理相关信息，以提高效率、安全性和质量。

（四）决策辅助

智能财务通过人工智能等技术为企业的决策提供支持，例如利用自然语言处理技术对财务报告进行自动解读和分析，帮助企业领导更好地理解财务状况。同时，智能财务还可以通过预测模型等工具为企业提供未来发展趋势的分析和预测。

决策辅助是指利用信息技术和相关工具来帮助决策者进行决策过程中的信息收集、分析、评估和选择，通过使用数据分析、模型建立、算法优化等技术手段，为决策者提供信息和工具，以帮助其做出更明智、更有效的决策。决策辅助系统可以通过对大量数据的收集、整理和分析，提供决策所需的关键信息和洞察力，同时还可以利用数学模型和算法进行预测、优化和评估，以支持决策者在复杂的环境中做出决策。决策辅助的主要目标是通过提供准确、全面、及时的信息和分析结果，帮助决策者在复杂的决策环境中做出明智的决策。

1.决策辅助的特点

决策辅助是指利用工具、方法和技术来帮助人们做出决策的过程。以下是决策辅助的特点：

（1）提供信息支持

决策辅助系统提供了丰富的信息和数据，帮助决策者了解问题的背景、相关因素和可能的选择。这些信息可以是来自内部和外部的数据源，以及专业知识和经验。

（2）分析和评估能力

决策辅助系统具备分析和评估能力，可以对不同的决策选项进行定量或定性的分析。通过模型、算法和统计方法，可以预测结果、评估风险，并提供决策的可行性和优劣性。

（3）多样化的决策方法

决策辅助系统提供了多种决策方法和技术，如决策树、多属性决策分析、模拟和优化等。这些方法可以根据具体情况进行选择和应用，帮助决策者更好地理解和比较不同的决策方案。

（4）可视化和交互性

决策辅助系统通常具有可视化和交互性的特点，通过图表、图形和界面等方式呈现信息和分析结果，可以帮助决策者更直观地理解和解释数据，以及与系统进行交互和探索不同的决策路径。

（5）支持团队决策

决策辅助系统可以支持团队决策，提供协作和共享的功能。通过多人参与、意见收集和决策协商等方式，可以促进团队成员之间的合作和共识，提高决策的质量和效果。

（6）反馈和学习

决策辅助系统可以提供反馈和学习机制，帮助决策者评估决策的结果，并从中学习和改进。通过追踪决策的执行和效果，可以不断优化决策过程和方法。

决策辅助的特点使得决策过程更加科学、系统和有效，能够提供决策者所需的信息和分析支持，帮助他们做出更明智和可行的决策。

2. 决策辅助的应用场景

决策辅助的应用场景主要体现在以下几个方面：

（1）企业管理决策

在企业中，决策辅助系统可以帮助管理层进行战略规划、资源分配、评险评估等决策，以提高企业的竞争力和效益。

（2）金融投资决策

在金融领域决策辅助系统可以通过对市场数据、经济指标等的分析，为投资者提供投资建议和风险评估，以帮助他们做出更明智的投资决策。

（3）医疗诊断决策

在医疗领域，决策辅助系统可以利用医学数据库、临床指南等信息，辅助医生进行疾病诊断、治疗方案选择等决策，以提高医疗质量和效率。

（4）城市规划决策

在城市规划中，决策辅助系统可以利用地理信息系统、交通模型等工具，为城市规划者提供数据分析和模拟仿真，以支持城市发展和规划决策。

（5）环境保护决策

在环境保护领域，决策辅助系统可以通过对环境数据、模型预测等的分析，为政府和环保机构提供决策支持，以制定出环境保护政策和措施。

3.决策辅助的实施步骤

（1）数据收集和管理

通过采集、整理和管理相关的数据和信息，以确保在决策过程中的数据可靠性和完整性。

（2）数据分析和处理

利用统计分析、数据挖掘、机器学习等方法对数据进行分析和处理，提取有价值的信息，为决策提供支撑。

（3）模型建立和模拟

利用数学模型、仿真模拟等方法，对决策问题进行建模和模拟，帮助决策者厘清问题的关键因素和影响因素。

（4）可视化和报告

将分析结果以图表、报表等形式进行可视化展示，使决策者能够直观地理解和分析数据，从而做出更好的决策。

（5）多准则决策

应对多个决策因素和目标的情况，利用多准则决策方法，对不同的决策方案进行评估和比较，帮助决策者选择最优方案。

总之，决策辅助通过使用数据分析、模型建立、算法优化等技术手段，为决策者提供信息和工具，以帮助其做出更明智、更有效的决策。它可以应用于企业管理、金融投资、医疗诊断、城市规划、环境保护等各个领域，为决策者提供决策所需的关键信息和洞察力，以支持他们在复杂的环境中做出决策。

（五）精益管理

智能财务通过精益管理的思想和方法，优化财务管理流程和管理模式，提高企业的财务管理水平和效率。例如，利用价值流分析等技术，识别和消除在财务流程中的浪费和不必要环节，提高企业的整体效率和效益。

1. 精益管理的特点

精益管理是一种以提高效率和降低浪费为核心的管理方法，其目标是通过优化流程和资源利用，实现持续改进和客户满意度的提升。以下是精益管理的主要特点：

（1）价值流分析

精益管理强调对价值流进行分析，以识别和消除非价值增加的活动和浪费。通过精确了解价值流，组织可以更好地优化流程，提高效率。

（2）持续改进

精益管理鼓励持续改进的文化，强调通过小步骤的改进来不断提高流程和产品的质量。这种持续改进的方法可以帮助组织逐步实现更高的效率和质量水平。

（3）人员参与

精益管理强调员工的参与和贡献。它鼓励员工提出改进建议，并为他们提供培训和支持，以便他们能够更好地参与到流程优化中。

（4）风险管理

精益管理注重风险管理，以减少潜在的问题和错误。通过识别和解决潜在的风险，组织可以更好地保证流程的稳定性和可靠性。

（5）客户导向

精益管理强调以客户为中心，鼓励组织了解客户需求，并通过优化流程和提供高质量的产品和服务来满足客户的期望。

2. 精益管理的应用场景

精益管理是一种管理方法，旨在通过减少浪费和提高效率来改进组织的运营。精益管理可以应用于各种不同的行业和组织中，包括制造业、服务业和非营利组织。以下是精益管理的应用场景：

（1）生产流程优化

精益管理可以帮助组织识别和消除在生产过程中的浪费，从而提高生产效率和质量。通过使用价值流映射和持续改进的方法，组织可以优化物料流动、减少库存和缩短交付时间。

（2）供应链管理

精益管理可以帮助组织优化供应链，减少库存和运输成本，并提高交付的准时性。通过与供应商建立紧密的合作关系，组织可以实现更高效的物料流动和更好的供应链可见性。

（3）服务流程改进

精益管理可以应用于服务行业，帮助组织提供更高质量的服务并提升客户满意度。通过识别和消除服务过程中的浪费，组织可以提高服务效率、减少等待时间和提供更好的服务体验。

（4）创新和持续改进

精益管理鼓励组织不断进行创新和改进，以适应不断变化的市场需求。

通过采用精益思维和工具，组织可以不断寻找改进的机会，并快速实施改变以提高竞争力。

（5）项目管理

精益管理可以应用于项目管理，以提高项目交付的效率和质量。通过精益工具如价值流映射、持续改进、团队协作等，可以减少项目中的浪费和延迟，提高项目的可控性和成功率。

（6）创新和研发

精益管理可以应用于创新和研发领域，以提高创新效率和产品质量。通过精益工具如快速原型、迭代开发、价值验证等，可以减少研发过程中的浪费和失败风险，提高创新的成功率。

（7）客户服务

精益管理可以帮助企业提高客户服务水平。通过了解客户的需求和期望，企业可以制定更加精准的市场策略，提供更加优质的产品和服务。同时，精益管理可以通过优化客户服务流程，提高客户满意度和忠诚度，从而增加企业的市场份额和销售额。

（8）人力资源管理

精益管理在人力资源管理方面也有着重要的应用。通过精益化的人力资源管理，企业可以优化员工招聘、培训和管理等环节，提高员工的工作积极性和满意度。同时，精益管理还可以通过建立公正的薪酬制度和晋升机制，吸引和留住优秀人才，从而为企业创造出更大的价值。

（9）财务管理

精益管理可以帮助企业优化财务管理流程。通过建立严格的财务制度和内部控制机制，企业可以降低财务风险和成本。同时，精益管理还可以通过合理的投资决策和资本运作方式，提高企业的资产质量和盈利能力。

（10）决策支持

精益管理可以为企业的决策提供有力的支持。通过建立数据分析和预测模型，企业可以更好地了解市场和客户需求，制定出更加科学合理的决策。同时，精益管理还可以通过建立风险管理模型和危机应对机制等手段来帮助企业应对各种不确定因素和风险挑战。

（11）风险管理

精益管理可以帮助企业提高风险管理水平。通过建立完善的风险管理制度和流程，企业可以更好地识别、评估和控制各种风险因素。同时，精益管理还可以通过建立危机应对机制和危机管理流程等手段来帮助企业应对各种突发情况和危机事件。

（12）项目管理

精益管理在项目管理方面也有着重要的应用。通过建立项目管理体系和流程，企业可以更好地协调和管理项目资源、时间和成本等。同时，精益管理还可以通过优化项目计划和进度安排等方式来提高项目管理的效率和效果。

（13）团队管理和绩效改进

精益管理可以应用于团队管理和绩效改进，通过精益管理的原则和工具，可以优化团队工作流程、提高团队协作效率和绩效。

总之，精益管理的应用场景非常广泛，它可以帮助企业提高效率、降低成本、优化流程、提高质量和服务水平等。在当今竞争激烈的市场环境中，实施精益管理已经成为企业持续发展和获得竞争优势的重要手段之一。

（六）战略协同

智能财务与企业战略的协同是实现智能财务转型的关键，通过将财务管理融入企业战略的制定和实施过程中，实现企业战略与财务管理的协同发展。这种协同可以更好地支持企业的长期发展，提高企业的竞争力和可持续发展能力。

1.战略协同的特点

战略协同是指不同组织或个体之间合作以实现共同目标的过程，具有以下特点：

（1）目标一致性

战略协同的参与方共同追求相同的目标，确保各方的行动和决策都朝着共同目标的实现方向发展。

（2）互补性

参与战略协同的组织或个体具有互补的资源、能力和专长，通过合作实现资源的优化配置和能力的互补，从而提高整体绩效。

（3）信息共享

战略协同的参与方之间进行信息共享，包括市场情报、技术知识、经验教训等，以便更好地理解和应对外部环境的变化。

（4）互信与合作

战略协同需要参与方之间建立互信关系，并通过合作来解决问题和实现共同目标。互信与合作的基础是相互尊重、公平公正和诚信守约。

（5）风险共担

战略协同的参与方共同承担风险，包括市场风险、技术风险和合作风险等。通过共同承担风险，可以减轻单个组织或个体的压力，提高整体的抗风险能力。

（6）高度的协调与沟通

战略协同需要参与方之间进行高度的协调与沟通，以确保合作的有效实施。

（7）灵活性和适应性

战略协同需要具备灵活性和适应性，以应对不断变化的外部环境和内部要求。各方应及时调整战略协同的方式和方法，以适应新的市场需求和战略目标。

（8）绩效评估和持续改进

战略协同需要进行绩效评估和持续改进。各方应建立相应的绩效评估机制，及时评估和反馈协同合作的效果，以便进行持续改进和优化。通过以上特点，战略协同可以实现资源的优化配置、能力的互补和风险的共担，从而提高组织或个体的竞争力和绩效。

2. 战略协同的分类

战略协同是指企业通过协调内部和外部资源，实现整体战略目标的过程。在当今复杂多变的市场环境中，实施战略协同已经成为企业获得竞争优势和持续发展的关键手段之一。以下是战略协同的分类：

（1）内部协同

内部协同是指企业通过协调内部资源，实现整体战略目标的过程，包括各个部门和业务之间的协同，如研发、生产、销售、人力资源等部门之间的协同。通过内部协同，企业可以优化资源的配置，提高生产效率和质量，降低成本，增强企业的竞争力。

（2）外部协同

外部协同是指企业与外部合作伙伴之间的协同，包括与供应商、客户、政府机构、行业协会等合作伙伴之间的协同。通过外部协同，企业可以与合作伙伴共同实现战略目标，提高市场竞争力。同时，外部协同还可以帮助企业获取更多的资源和信息，降低风险和不确定性。

（3）竞争协同

竞争协同是指企业在市场竞争中与其他企业之间的协同。通过竞争协同，企业可以与竞争对手共同分享市场机会和资源，共同应对市场挑战。同时，竞争协同还可以帮助企业提高自身的竞争力和创新能力，促进整个行业的健康发展。

（4）合作协同

合作协同是指企业之间通过合作实现共同战略目标的过程，包括战略联盟、合作伙伴关系等形式的合作。通过合作协同，企业可以共享资源、技术和市场机会，提高效率和降低风险，实现互利共赢。同时，合作协同还可以帮助企业获取更多的知识和经验，提高自身的竞争力和创新能力。

（5）上下游协同

上下游协同是指企业与其上下游企业之间的协同，包括供应商、生产商、销售商等上下游企业之间的协同。通过上下游协同，企业可以优化供应链的流程，提高采购、生产和销售效率和质量，降低成本和风险。同时，上下游协同还可以帮助企业获取更多的市场信息和资源。

（6）横向协同

横向协同是指同一行业或领域内企业之间的协同，包括同行业企业之间的协同和跨行业企业之间的横向联合。通过横向协同，企业可以共享资源、技术和市场机会，提高生产效率和质量，降低成本和风险。同时，横向协同还可以帮助企业获取更多的知识和经验。

（7）纵向协同

纵向协同是指企业与其上游供应商和下游销售商之间的协同，包括生产商与供应商之间、生产商与销售商之间的纵向联合。通过纵向协同，企业可以优化供应链流程，提高采购、生产和销售效率和质量，降低成本和风险。同时，纵向协同还可以帮助企业获取更多的市场信息和资源。

（8）跨部门协同

跨部门协同是指企业不同部门之间的协同，包括不同部门之间的协作和跨部门整合两个方面的协同。跨部门协同还可以帮助企业发现新的商业机会和增长点，提高自身的竞争力和创新能力。

（9）跨业务协同

跨业务协同是指企业在不同业务领域之间的协同，包括不同业务领域之间的协作和跨业务整合两个方面的协同。通过跨业务协同，企业可以实现资源的优化配置和共享，提高生产效率和质量，降低成本和风险。同时，跨业务协同还可以帮助企业发现新的商业机会和增长点，提高自身的竞争力和创新能力。

（10）跨行业协同

不同行业之间可以进行战略协同，以实现共同的战略目标。例如，金融机构和科技公司可以合作开发金融科技产品，以提高金融服务的效率和便利性。

（11）跨国协同

跨国协同是指不同国家或地区之间的企业之间的协同，包括跨国公司与其他国家或地区的企业之间的协同和不同国家或地区之间的企业之间的跨国合作。通过跨国协同，企业可以实现资源的优化配置和共享，提高生产效率和质量，降低成本和风险。

（12）跨学科协同

不同学科之间可以进行战略协同，以实现共同的研究目标。例如，医学和工程学可以合作开发医疗设备，以提高医疗服务的质量和效率。

总之，智能财务的内涵包括数据驱动、自动化处理、实时监控、决策辅助、精益管理、战略协同等方面。通过运用人工智能和大数据等技术手段，智能财务能够提供更加精准、高效和科学的财务管理和决策支持，为个人和企业的财务活动提供更大的价值和效益。

3. 智能财务的应用场景

应用场景是指某项技术、产品或服务在实际应用中所适用的具体情境或领域，其描述了该技术、产品或服务可以解决的问题、提供的功能以及适用的用户群体。

在智能财务的定义中，应用场景指的是智能财务技术、产品或服务在实际的财务管理和决策过程中的具体应用情境。通过在场景中应用智能财务，可以提高财务管理的效率和准确性，帮助企业和个人做出更明智的财务决策。智能财务的应用场景主要体现在以下几方面：

（1）数据驱动的决策

智能财务基于大数据的分析和挖掘，通过对各种财务数据的收集、整理和分析，提供准确的、实时的决策支持。通过运用机器学习和数据挖掘技术，智能财务能够从大量的数据中发现模式和规律，预测未来的趋势和风险，帮助管理者做出更加科学的财务决策。

（2）财务流程自动化

智能财务利用自动化技术和人工智能算法，将传统烦琐的财务流程进行优化和自动化。通过自动化的数据收集、整理和处理，智能财务可以节省时间和人力成本，并提高财务处理的效率和准确性。财务流程自动化包括智能财务审核、财务报表生成、财务造假检测三个方面。

智能财务审核：智能财务审核是利用人工智能技术和机器学习算法，对财务报表和其他财务数据进行自动化的审核和验证，可以自动化处理大量的财务数据，减少人工审核的工作量和误差，提高审核效率和准确性。

财务报表生成：智能财务可以根据企业的财务数据自动生成财务报表，提高报表的准确性和效率。

财务造假检测：智能财务系统可以通过分析大量的财务数据和行为模式，识别潜在的欺诈行为。

（3）风险管理和预警

智能财务通过对财务数据的分析和监控，能够实时识别和评估财务风险，并提供预警和建议。通过自动化的风险评估模型和预测算法，智能财务可以帮助管理者及时发现潜在的风险，并采取相应的措施进行应对和管理。

（4）智能投资和资产配置

智能财务利用机器学习和量化投资模型，通过对市场和公司数据的分析，提供智能化的投资建议和资产配置策略。智能财务可以根据投资者的偏好和目标，帮助其做出更加科学的投资决策，实现资产的优化配置和增值。

（5）智能财务预测

智能财务利用历史数据和模型算法，对财务情况进行预测。通过对不同场景和变量的模拟和分析，智能财务可以帮助个人和企业制定合理的财务目标和计划，为未来提供参考和指导。智能财务系统可以利用大数据和机器学习算法来进行财务预测和分析。通过对历史数据的分析和模型建立，可以预测未来的财务趋势和风险，帮助企业做出更明智的财务决策。

（6）智能投资决策

智能投资决策是利用人工智能技术和数据科学，对投资项目进行自动化评估和决策，可以对大量的投资项目进行筛选、评估和优化，提高投资效率和回报率。

（7）智能预算规划

智能预算规划是利用人工智能技术和数据科学，对企业预算进行自动化编制、审核和调整，可以根据企业的业务需求和市场环境，自动生成预算方案，并对其进行实时监控和调整，提高预算的准确性和执行效率。

（8）智能成本管理

智能成本管理是利用人工智能技术和数据科学，对企业成本进行自动化核算、分析和控制，可以对企业各项成本进行精细化管理，及时发现和解决成本问题，降低企业成本和提高盈利能力。

（9）智能税务管理

智能税务管理是利用人工智能技术和数据科学，对企业税务进行自动化申报、计算和管理，可以自动计算税款、生成税务报告，并对其进行实时监控和调整，提高税务管理的准确性和合规性。

总之，智能财务通过运用人工智能技术和大数据分析等先进的技术手段，提高财务数据的处理和分析能力，为企业的财务决策和管理提供更加准确、高效和智能化的支持。随着技术的不断进步和应用场景的不断扩展，智能财务的应用将会越来越广泛和深入。

第三节　我国智能财务的发展趋势

一、智能财务的发展趋势综述

探讨智能财务的发展趋势，分析其对会计学领域的影响。通过深入研究智能财务的最新技术和应用案例，我们将探讨智能财务在提高财务管理效能、优化财务决策、降低风险等方面的潜力和优势。同时，我们也将探讨智能财务所面临的挑战和可能的解决方案，以期为相关研究和实践提供参考。

随着信息技术的快速发展，智能财务作为会计学领域的新兴研究方向，引起了人们的广泛关注。通过对智能财务的已有研究分类和述评的综述，引出当前智能财务研究中存在的问题，并提出未来研究的方向。

（一）研究现状

已有研究可以分为以下几个方面：智能财务系统的设计与实施、智能财务分析的方法与模型、智能财务决策的优化与应用。在智能财务系统的设计与实施方面，研究者关注如何构建高效、可靠的智能财务系统，以提高财务管理的效率。在智能财务分析的方法与模型方面，研究者探索如何利用大数据分析和机器学习等技术，挖掘财务数据中的潜在信息。在智能财务决策的优化与应用方面，研究者关注如何利用智能财务分析的结果，进行财务决策的优化和应用。

（二）已有研究述评

已有研究表明，智能财务在提高财务决策效率和准确性方面具有显著的优势。智能财务系统的设计与实施研究已经取得了一定的成果，但仍存在一些问题，如系统的可扩展性和安全性等。智能财务分析的方法与模型研究已经涉及多个领域，但在数据质量和模型解释性方面仍有待改进。智能财务的优化与应用研究已经在一些企业中得到了应用，但在实际应用中仍面临一些挑战，如决策结果的可解释性和风险控制等。

（三）引出研究问题

基于对已有研究的综述和述评，我们可以看出智能财务研究仍存在一些问题和挑战。因此，未来的研究可以关注以下几个问题：如何提高智能财务系统的可扩展性和安全性，如何改进智能财务分析的数据质量和模型解释性，如何提高智能财务决策的可解释性和风险控制能力等。

综上，通过对智能财务的研究背景、概念界定、已有研究分类和述评的综述，引出了当前智能财务研究中存在的问题，并提出了未来研究的方向。未来的研究可以进一步探索智能财务系统的设计与实施、智能财务分析的方法与模型以及智能财务决策的优化与应用等方面，以推动智能财务的发展。

二、智能财务的发展趋势

随着人工智能、大数据和自动化技术的不断成熟和普及，智能财务将在财务管理和决策、提高企业的效率和竞争力方面发挥越来越重要的作用。智能财务发展趋势包括以下几个方面。

（一）财务共享服务中心

财务共享服务中心是为企业提供共享财务资源和服务的机构，通过集中管理和整合企业的财务需求和资源，为企业提供一站式的财务服务，包括财务核算、报表分析、预算管理、税务申报等。财务共享服务中心的目标是提高企业财务管理的效率和质量,降低财务成本,并提供专业的财务咨询和支持,帮助企业做出更准确的财务决策。同时,财务共享服务中心还可以实现多个企业之间的财务数据共享和协同工作,促进合作和信息的流通。通过财务共享服务中心,企业可以更好地利用财务资源,提升竞争力和盈利能力。

财务共享服务中心是实现财务数字化转型的重要手段。通过建立财务共享服务中心,将分散的、重复性的财务处理工作集中到一个中心进行统一处理,提高财务处理的效率和准确性。同时,通过优化财务管理流程,降低企业的运营成本,提高企业的整体效益。未来,财务共享服务中心的建设将更加成熟,将覆盖更多的业务领域和服务范围。

(二)智能财务云服务

智能财务云服务是一种基于云计算和人工智能技术的财务管理解决方案。它将财务管理软件和数据存储在云端中,用户可以通过互联网随时随地访问和管理财务数据。

智能财务云服务是智能财务发展的新模式,通过自动化和智能化的方式,提供一系列财务管理功能,包括会计核算、财务报表、预算管理、成本控制、现金流管理、数据分析等服务。它可以帮助企业实现财务数据的集中管理、实时更新和准确分析,提高财务决策的效率和准确性。智能财务云服务还可以通过人工智能技术提供更高级的功能,例如自动化的发票识别和处理、智能报表生成和分析、预测和预警等。这些功能可以帮助企业更好地理解和管理财务状况,提高财务管理的水平和效果。总的来说,智能财务云服务是一种利用云计算和人工智能技术提供财务管理解决方案的服务,可以帮助企业提高财务管理的效率和准确性,实现更好的财务决策和管理。未来,智能财务云服务将更加智能化和精细化,从简单的云服务向更复杂的智能决策支持和云端生态系统发展。

(三)智能助手和语音识别

智能助手是一种基于人工智能技术的软件程序,可以通过语音或文本来与用户进行交互，提供各种服务和功能。智能助手可以通过语音识别技术将用户的语音转化为文本，并根据用户的指令或问题提供相应的回答或执行相应的操作。语音识别是一种将人的语音转化为文本的技术。它使用语音信号处理和机器学习算法，通过分析声音的频率、音调、语速等特征，将语音转化为可识别的文本。语音识别技术在智能助手、语音控制、语音翻译等领域有广泛的应用。智能助手和语音识别技术的结合，可以实现语音交互的智能助手。用户可以通过语音与智能助手进行沟通和交互，无须通过键盘、鼠标等输入设备，更加方便和高效。智能助手可以通过语音识别技术，识别用户的语音指令并做出响应，智能助手通过语音识别技术将用户的语音转化为文本，然后根据用户的指令或问题进行相应的回答或操作。这种方式可以提高用户的交互体验，使得智能助手更加智能化和人性化。

智能财务系统可以通过智能助手和语音识别技术，实现人机交互和语音指令操作。用户可以通过语音或文字与系统进行交互，查询财务信息、提交申请和获取分析报告，提高用户体验和操作效率。随着人工智能技术的不断发展，智能助手和语音识别技术也在不断进步和完善。未来，智能助手将会更加智能化、个性化，能够更好地满足用户的需求。同时，语音识别技术也将不断提高准确性和效率，为智能助手的发展提供更好的支持。

（四）财务数字化转型

财务数字化转型是智能财务发展的基础。企业通过应用云计算、大数据、人工智能等技术，实现财务数据的集中管理、分析和应用，提高财务处理效率和数据质量。未来，财务的数字化转型将持续深化，实现财务数据的全面数字化、智能化，提高企业的运营效率和竞争力。

财务数字化转型是指将传统财务业务和流程通过数字技术进行改造和升级，以提高效率、准确性和可靠性，实现更智能化和自动化的财务管理和决策。以下是财务数字化转型的关键方面：

1. 数据集成和处理

财务数字化转型的第一步是将各种财务数据源集成到统一的数据平台中，并进行数据清洗、整合和处理。这可以通过建立数据仓库、数据湖或使用云计算等技术来实现。

2. 自动化财务流程

财务数字化转型可以通过自动化的财务流程来提高效率和准确性。例如，可以利用智能财务系统和软件来实现自动化的发票处理、报销审批、账务处理等流程，减少人工操作和错误，提高效率。

3. 财务报告和分析

财务数字化转型可以通过数字化工具和技术来生成准确、全面的财务报告，并进行深入的财务分析。这可以帮助企业了解业务绩效、盈利能力和财务状况，从而做出更好的决策。

4. 数据分析和预测

财务数字化转型可以利用大数据分析和机器学习算法来分析历史财务数据，预测未来的财务指标，有助于企业做出明智的财务决策和规划。

5. 安全和合规性

财务数字化转型可以通过建立强大的网络安全措施、数据加密、访问控制等途径来实现财务数据的安全和合规性，以保护财务数据的机密性和完整性，并符合相关的法规和合规要求。

6. 人工智能和区块链技术应用

财务数字化转型可以结合人工智能和区块链技术的应用，以增强财务管理和决策的智能化和安全性。例如，利用人工智能和机器学习算法来进行财务欺诈检测，或者利用区块链技术来实现财务交易的去中心化和不可篡改性。

财务数字化转型的关键是整合数字技术和财务业务的需求和目标，建立起适合企业的数字化解决方案和系统。通过财务数字化转型，企业可以提高财务管理的效率、准确性和决策质量，从而实现更好的经营绩效和可持续发展。

（五）智能报告可视化

智能报告是指利用人工智能技术对大量数据进行分析和处理，生成具有洞察力和决策支持能力的报告。通过智能报告，用户可以更快速地获取关键信息，发现数据中的模式和趋势，进行预测和决策。智能报告可以帮助企业管理者和财务人员更好地理解财务状况、业务运营情况和市场趋势，从而做出更明智的决策。

可视化是指利用图表、图形和其他视觉元素将数据和信息呈现出来，以便用户能更直观地理解和分析。通过可视化，用户可以通过图表、图形和动态效果等方式，直观地看到数据之间的关系和趋势。可视化可以帮助用户更好地理解数据，发现隐藏在数据中的模式和趋势，并从中获取洞察力。在财会领域，可视化可以用于展示财务报表、业务指标、市场趋势等信息，帮助用户更好地理解和分析财务数据。

智能报告可视化是指利用人工智能技术和数据可视化技术来生成和呈现具有交互性和可视化效果的报告。通过智能算法和数据分析，智能报告可视化可以将大量的数据转化为易于理解和分析的图表、图形和可视化展示，使用户能够更直观地了解数据背后的信息和趋势。智能报告可视化可以帮助用户更快速、准确地理解和分析复杂的数据。通过智能算法的支持，智能报告可视化可以自动从大量的数据中提取出关键信息，生成相应的图表和图形，并根据用户的需求进行定制化的展示。用户可以通过交互式的界面，自由地切换和筛选数据，深入挖掘数据的细节和关联性。

智能报告可视化可以应用在各种领域中，如商业分析、市场研究、金融分析等，可以帮助企业和机构更好地理解市场趋势、用户行为和业务运营情况，为决策提供有力支持。智能报告可视化还可以与其他智能系统和工具进行集成，实现更深层次的数据分析和预测。随着人工智能和数据分析技术的不断发展，智能报告可视化技术也得到了广泛的应用和推广。智能报告可视化技术的发展和应用主要体现在以下方面：

1. 自动化报告生成

智能报告可视化技术可以自动从大量的数据中提取出关键信息，并生成报告。这样可以节省大量的时间和人力成本，提高报告的准确性和效率。

2. 数据可视化

智能报告可视化技术可以将数据以图表、图形和动画等形式展示出来，使数据更加直观和易懂。用户可以通过交互式的方式来探索数据，发现数据中的规律和趋势，从而做出更好的决策。

3. 智能分析和预测

智能报告可视化技术可以利用人工智能算法对数据进行分析和预测。通过对历史数据的学习和模式的识别，可以帮助用户预测未来的趋势和变化，提供决策支持。

4. 实时监控和反馈

智能报告可视化技术可以实时监控数据的变化，并及时反馈给用户。用户可以通过实时的报告和可视化图表了解当前的情况，及时做出调整和决策。

5. 多维度分析

智能报告可视化技术可以将多个维度的数据进行分析和展示。用户可以通过交叉分析和对比分析等方式，深入了解数据之间的关系和影响，从而做出更全面的决策。

智能财务系统能够生成智能化的财务报告和可视化图表，使财务数据更易于理解和分析，帮助管理层做出更明智的决策。智能报告和可视化的结合可以帮助用户更好地理解和分析财务数据，发现潜在的问题和机会，并做出更明智的决策。通过智能报告和可视化，用户可以更高效地处理大量数据，提高工作效率，并更好地应对复杂的财务和业务挑战。

（六）区块链技术应用与智能财务

随着数字化经济的快速发展，智能财务作为一种创新的金融模式，已经引起了人们的广泛关注。然而，传统的财务系统仍存在着一些问题，如信息不对称、交易高昂的中介费用以及数据安全性等。

区块链技术是一种基于去中心化、分布式、不可篡改的数据存储和传输技术，通过将数据存储在多个副本中，确保数据的安全性和可靠性。同时，区块链技术采用加密技术来保护数据的机密性和完整性。区块链技术作为一种去中心化的分布式账本系统，具有透明、安全和可追溯等特点，为智能财务提供了一种全新的解决方案。

1. 区块链技术的特点

（1）透明性和信任

区块链技术可以提供去中心化的账本，使财务数据和交易记录的透明性得以实现。智能财务可以利用区块链技术的不可篡改性和公开性，确保财务数据的真实性和可信度，提高财务报告的透明度和可验证性。

（2）自动化和智能合约

区块链技术的智能合约功能可以自动执行和管理财务交易和合约条款。智能财务可以利用智能合约来自动化进行财务流程，例如自动结算和支付、合规性审计等，提高效率和减少人为错误。

（3）资产和证券管理

区块链技术可以改变传统的资产和证券管理方式。通过将资产和证券数字化并记录在区块链上，智能财务可以实现资产的可追溯性、分散管理和高效交易，提高资产的流动性和交易效率。

（4）去中心化金融

区块链技术为智能财务提供了去中心化金融的基础设施。通过智能合约和区块链上的金融协议，智能财务可以实现去中心化的借贷、交易、理财等金融服务，降低中介成本、提高金融包容性和可访问性。

（5）跨境支付和结算

区块链技术可以改善跨境支付和结算的效率和成本。智能财务可以利用区块链技术的去中心化和安全性特性，实现实时、安全和低成本的跨境支付和结算，减少中介环节和风险。

总之，区块链技术为智能财务提供了新的机会和解决方案，可以加强财务数据的透明性、真实性和可信度，实现财务流程的自动化和智能化，改善资产和证券管理，推动去中心化金融的发展，并提高跨境支付和结算的效率。通过将区块链技术与智能财务相结合，可以实现更高效、更安全和更可靠的财务管理和决策。

2.区块链技术在财务中的应用

（1）分布式账本

区块链技术可以用于构建分布式账本，实现财务数据的共享和透明化。这种账本可以确保数据的不可篡改性和安全性，从而提高财务管理的效率和可信度。

（2）智能合约

智能合约是区块链技术中的一种自动化合约，可以在满足特定条件时自动执行。在财务管理中，智能合约可以用于自动化处理财务交易、支付等流程，以提高财务管理的效率和准确性。

（3）数字货币

区块链技术可以用于创建数字货币，实现更加便捷、安全的支付方式。数字货币可以降低交易成本、提高交易速度，为企业提供更加灵活、高效的财务管理方式。

（4）跨境支付

区块链技术可以提供更快速、安全和低成本的跨境支付解决方案。通过区块链，资金可以直接从一个国家转移到另一个国家，无须中间银行或支付机构的参与。

（5）资产管理

区块链技术可以用于资产管理，包括数字资产和实物资产。通过区块链，可以实现资产的数字化和跟踪，进而提高资产管理的效率和透明度。

（6）风险管理

区块链技术可以提供更好的风险管理解决方案。通过区块链，可以实时跟踪和记录交易数据，提供更准确的风险评估和预测。

总之，区块链技术的应用可以为智能财务带来更高效、透明和安全的解决方案。通过区块链的去中心化、不可篡改和智能合约的自动化特性，可以提高财务数据的透明度和可信度，并实现自动化的财务处理。区块链技术可以提供更安全、透明和高效的财务解决方案，改变传统财务行业的运作方式。然而，目前区块链技术在智能财务领域的应用还处于起步阶段，仍然需要进一步的研究和实践。

（七）跨界融合和生态合作

智能财务将更加注重跨界融合和生态合作。智能财务需要与其他领域的技术和服务进行融合，如物联网、区块链、供应链管理等，以此来实现数据的跨界共享和协同创新。同时，智能财务需要与企业内外的各方进行合作，构建开放的生态系统，共同推动智能财务的发展。

跨界融合和生态合作是指不同行业、不同领域之间的合作和互补，通过共享资源、技术、市场和用户等，实现更大的合作效益和创新发展。在智能财务领域，跨界融合和生态合作可以带来以下优势和机会：

1.创新和发展机会

跨界融合和生态合作可以将不同行业和领域的创新能力和专长结合在一起，为智能财务带来新的创新和发展机会。例如，与科技公司合作可以借助他们在人工智能、大数据分析等方面的技术优势，开发更智能化的财务解决方案。

2.扩大市场和用户群体

跨界融合和生态合作可以通过整合不同行业和领域的市场和用户资源，实现市场的扩大和用户群体的增加。例如，与金融机构合作可以共享他们的客户资源和渠道，拓展智能财务的市场覆盖面。

3.提升综合竞争力

跨界融合和生态合作可以整合不同行业和领域的核心竞争力，提升整体的综合竞争力。例如，与咨询公司合作可以结合他们的专业财务咨询能力，为智能财务提供更全面的服务和支持。

4.降低成本和风险

跨界融合和生态合作可以共享资源和分担风险，降低合作伙伴的成本和风险。例如，与技术公司合作可以共享技术平台和研发成本，降低开发和维护智能财务的成本。

5.产业生态建设

跨界融合和生态合作可以促进形成更完整、更健康的智能财务产业生态系统。通过不同行业和领域的合作和协同，可以实现资源共享、创新共赢，推动整个智能财务产业的发展和壮大。

总之，跨界融合和生态合作可以为智能财务带来创新机会、扩大市场、提升竞争力、降低成本和风险，并促进产业生态的建设。通过与其他行业和领域的合作伙伴共同努力，可以实现更大的合作效益和共同发展。

第四节 我国智能财务研究的理论基础

智能财务研究的理论基础涵盖了财务管理、人工智能理论、数据挖掘理论、决策支持系统理论、机器学习理论、自然语言处理理论、计算机视觉理论、数据库理论、统计学和计量经济学理论、交叉学科理论等多个学科和理论框架。智能财务理论基础的结合和应用可以为智能财务提供理论指导和技术支持，推动财务领域的智能化和创新。智能财务研究的理论基础主要涉及以下几个方面：

（一）财务管理理论

财务管理理论是指对企业和个人财务活动进行规划、控制和监督的一套原则和方法，涉及资金的筹集、投资和运用，以及风险管理等方面。财务管理理论的核心目标是最大化财务价值，同时平衡风险和回报。财务管理理论为智能财务研究提供了基本的理论框架和概念工具，为智能财务系统的设计和应用提供了指导。

以下是常见的财务管理理论：

1. 时间价值理论

时间价值理论认为，资金的价值随着时间的推移而变化，即同样金额的现金在不同时间点的价值是不同的，时间价值理论强调了现金流量的时间价值。

2. 资本预算理论

资本预算理论用于评估和选择投资项目，包括净现值、内部收益率、投资回收期等方法，帮助企业决策者确定哪些项目能够创造出最大的经济利益。

3. 资本结构理论

资本结构理论是财务管理领域的一个重要理论，用于研究企业在融资决策中如何选择债务和股权的比例。资本结构理论是指企业在进行融资决策时，选择不同的融资方式和资本结构，以达到最优的财务效益和价值最大化的理论框架。资本结构可以分为债务和股权两部分。

4. 现金管理理论

现金管理理论关注企业如何有效地管理现金流量，包括现金流量预测、现金收支管理、现金储备等方面，旨在确保企业有足够的现金来满足日常运营和投资需求。

5. 风险管理理论

风险管理理论研究如何识别、评估和应对风险。它包括风险识别、风险评估、风险控制和风险转移等方面，以便帮助企业降低风险对财务状况和经营绩效的影响。财务管理理论提供了企业财务决策和资金管理的原则和方法，帮助企业优化资本结构、投资决策、资金成本、现金流量和风险管理等方面，以实现企业的经济效益和可持续发展。这些理论为企业提供了指导和决策的框架，帮助企业管理者做出更明智的财务决策，实现财务目标和最大化股东财富。

（二）人工智能理论

人工智能（Artificial Intelligence，AI）理论是指研究和开发使机器能够表现出人类智能行为的理论体系。人工智能理论是智能财务研究的核心理论基础，包括机器学习、深度学习、自然语言处理、计算机视觉等技术，可以用来实现智能财务中的自动化决策、风险评估、预测分析等功能。

1. 人工智能理论内容

人工智能理论的应用可以帮助智能财务系统更好地适应复杂多变的市场环境，提高财务决策的准确性和效率。人工智能理论包括以下方面：

（1）机器学习（Machine Learning）

机器学习是人工智能的核心理论之一，研究如何通过让机器从数据中学习和改进，使其能够自动地完成任务。机器学习方法包括监督学习、无监督学习和强化学习，它可以应用于图像识别、自然语言处理、预测分析等各个领域。

（2）深度学习（Deep Learning）

深度学习是机器学习的一个重要分支，它通过构建深层神经网络来模拟人脑的神经网络结构。深度学习可以自动从大量数据中学习和提取特征，适用于图像识别、语音识别、自然语言处理等领域。

（3）自然语言处理（Natural Language Processing，NLP）

自然语言处理是研究如何让机器能够理解、处理和生成自然语言的理论和技术。自然语言处理可以应用于机器翻译、语音识别、文本分析等方面。

（4）强化学习（Reinforcement Learning）

强化学习是机器学习的一种方法，通过让机器与环境进行交互，通过试错来学习和改进决策策略。强化学习适用于需要进行序列决策和动态规划的问题，如自动驾驶、智能游戏等。

（5）计算机视觉（Computer Vision）

计算机视觉是研究如何让机器能够理解和分析图像和视频的理论和技术。计算机视觉可以应用于目标检测、图像识别、人脸识别等方面。

2. 人工智能理论的功能体现

（1）计算智能

计算智能是人工智能理论的基础，涉及对复杂数据进行处理和分析的能力。计算智能的主要研究内容包括计算理论、计算模型和算法等，为企业提供了高效、准确的数据处理和分析方法。

（2）感知智能

感知智能是指通过传感器等设备获取外部环境信息，并对其进行处理和分析的能力。感知智能的主要研究内容包括图像识别、语音识别、自然语言处理等，为企业提供了更加智能化的信息获取和处理方式。

（3）认知智能

认知智能是指通过模拟人类思维过程，实现复杂问题的求解和决策的能力。认知智能的主要研究内容包括知识表示、推理、规划等，为企业提供了更加智能化的问题求解方法和决策支持。

（4）行为智能

行为智能是指通过模拟人类行为，实现自主决策和行动的能力。行为智能的主要研究内容包括机器人技术、自动驾驶等，为企业提供了更加智能化的产品和服务。

（5）学习智能

学习智能是指通过模拟人类学习过程，实现自我学习和进化的能力。学习智能的主要研究内容包括机器学习、深度学习等，为企业提供了更加智能化和自适应的学习和进化算法。

（6）推理智能

推理智能是指通过逻辑推理和演绎推理等方法，实现复杂问题的求解和决策的能力。推理智能的主要研究内容包括专家系统、知识推理等，为企业提供了更加科学和严谨的问题求解方法和决策支持。

（7）规划智能

规划智能是指通过模拟人类规划过程，实现复杂任务的规划和优化的能力。规划智能的主要研究内容包括路径规划、任务调度等，为企业提供了更加智能化和高效的规划方法。

（8）机器翻译智能

机器翻译智能是指通过自然语言处理技术，实现不同语言之间的自动翻译和转换的能力。机器翻译智能的主要研究内容包括机器翻译算法、语言模型等，为企业提供了更加便捷和准确的多语言翻译服务。

（9）自然语言处理智能

自然语言处理智能是指通过自然语言处理技术，实现对人类语言的自动分析和处理的能力。自然语言处理智能的主要研究内容包括文本挖掘、情感分析等，为企业提供了更加智能化和高效的自然语言处理服务。

（三）数据挖掘理论

数据挖掘理论是指利用各种算法和技术从大规模数据集中发现隐藏的模式、关系和趋势的理论。数据挖掘理论是智能财务研究的重要理论基础之一。数据挖掘理论是从海量数据中提取有价值信息的过程，改过程可以帮助研究者发现数据中的规律性、相互关联性以及异常情况，为财务决策提供科学依据，实现数据分析和处理的功能，为决策提供支持和指导。数据挖掘理论的核心任务包括分类、聚类、关联规则挖掘、异常检测等。数据挖掘理论主要包括以下方面：

1. 数据预处理

数据预处理是数据挖掘的前置步骤，包括数据清洗、数据集成、数据转换和数据规约等过程。数据预处理的目标是减少数据中的噪声和冗余，提高数据质量，为后续的分析和挖掘提供可靠的数据基础。

2. 数据分析方法

数据分析方法主要包括分类、聚类、关联规则挖掘、异常检测等。分类是通过训练数据构建一个分类模型，对新的数据进行类别预测。聚类是将数据分为相似的群组，揭示数据的内在结构和模式。关联规则挖掘是发现数据中各项之间的关联关系。异常检测是识别与正常模式不一致的数据点，可用于检测数据中的异常行为或异常情况。

3. 特征选择和降维

特征选择是从原始数据中选择最相关和最有用的特征，以减少数据维度和计算复杂度，同时提高模型的预测性能。降维是将高维数据转换为低维表示，旨在提取重要的特征信息，减少冗余和噪声。

4.模型评估和验证

模型评估和验证是评估挖掘模型的质量和性能的过程。常用的评估指标包括准确率、召回率、精确率、F1分数等。模型验证方法主要包括交叉验证法、留出法和自助法等。

5.数据隐私和安全

数据隐私和安全是在数据挖掘过程中保护敏感信息的重要问题。隐私保护方法包括数据匿名化、数据扰动和差分隐私等，以保障个人和组织的隐私权益。

数据挖掘理论研究和开发从大量数据中提取有用信息的方法和技术，包括数据预处理、数据分析方法、特征选择和降维、模型评估和验证以及数据隐私和安全等方面。数据挖掘理论和方法的研究和应用可以帮助人们从海量数据中发现隐藏的模式、规律和知识，为决策和问题解决提供支持和指导。

（四）决策支持系统理论

决策支持系统理论是智能财务研究的重要理论基础之一，是一种支持决策者进行决策的工具，可以帮助决策者分析问题、提供方案、评估结果等。

1.决策支持系统的定义

决策支持系统（DSS）理论是管理信息系统领域的重要分支，旨在为决策者提供信息和工具，帮助其进行决策。DSS结合了信息技术、数据分析和决策理论，旨在提供决策过程中所需的各种信息和分析工具，以支持决策者做出明智的决策。

决策支持系统是一种辅助决策的工具，它能够提供决策所需的信息和分析工具，帮助决策者进行决策过程中的问题分析、方案评估和决策选择等工作。决策支持系统具有灵活性、交互性、多功能性和易用性等特点。

2.决策支持系统理论内容

（1）决策支持系统理论

决策支持系统理论是指研究和开发用于辅助决策过程的理论体系。

（2）决策模型

决策模型是决策支持系统的核心，用于描述和分析决策过程中的问题和选择。常见的决策模型包括优化模型、风险模型、模拟模型和规则模型等。优化模型通过最大化或最小化目标函数来寻找最优解。风险模型考虑不确定性和风险因素，以此来进行决策分析和评估。模拟模型通过模拟系统的行为和结果，帮助决策者了解不同决策选择的后果。规则模型基于事先设定的规则和知识，给出推荐的决策方案。

（3）数据和信息管理

决策支持系统依赖于数据和信息来支持决策过程。数据和信息管理理论研究如何有效地收集、存储、组织和检索数据和信息，以便提供准确、及时和可靠的决策支持。数据和信息管理包括数据仓库、数据挖掘、信息检索和知识管理等技术和方法。

（4）决策分析方法

决策分析方法是用于分析和评估决策问题和方案的技术和方法。常见的决策分析方法包括多属性决策分析、决策树分析、灰色系统分析和模糊逻辑分析等。这些方法可帮助决策者对不同的决策选项进行定量和定性的评估，从而支持决策过程中的比较和选择。

（5）可视化技术

可视化技术是决策支持系统中的重要工具，通过图表、图形和可交互界面等方式将数据和信息可视化呈现给决策者。可视化技术可以帮助决策者更直观地理解和分析数据，并支持决策过程中的探索和发现。

3.决策支持系统的组成

决策支持系统由数据管理子系统、模型管理子系统、知识管理子系统和用户界面子系统等组成。数据管理子系统用于收集、存储和管理决策所需的数据；模型管理子系统用于构建和管理决策模型；知识管理子系统用于存储和管理决策所需的知识；用户界面子系统用于与决策者进行交互。

4.决策支持系统的应用领域

决策支持系统广泛应用于各个领域，包括企业管理、金融投资、市场营销、供应链管理、医疗健康等。它可以帮助决策者进行风险评估、资源分配、业务优化等决策工作。

5.决策支持系统的开发方法

决策支持系统的开发方法包括传统的结构化方法和现代的面向对象方法。传统的结构化方法主要包括问题定义、模型构建、模型求解和结果分析等步骤；现代的面向对象方法则强调系统的可重用性和灵活性。

（五）机器学习理论

机器学习理论是人工智能领域的重要分支，旨在研究如何使计算机系统能够从数据中学习并不断改进性能，而且无需明确编程。机器学习理论涉及统计学、优化理论、计算机科学等多个领域，其核心任务是通过训练数据来构建模型，并利用这些模型进行预测和决策。机器学习理论是人工智能理论的重要组成部分，也是智能财务研究的核心理论基础之一。机器学习理论是一种通过计算机自动学习数据中的模式和规律，从而对新的数据进行预测和分类的方法。机器学习理论包括监督学习、无监督学习、半监督学习等技术，可以用来实现自动化决策和风险评估等功能。机器学习理论主要包括以下方面：

1.监督学习

监督学习是机器学习中最常见的一种方法，通过给算法提供带有标签的训练数据，让算法学习输入和输出之间的关系。常见的监督学习算法包括线性回归、决策树、支持向量机等。

2. 无监督学习

无监督学习是指从无标签的数据中学习数据的内在结构和模式。常见的无监督学习算法包括聚类、降维、关联规则等。

3. 强化学习

强化学习是一种通过与环境进行交互来学习最优行为的方法。在强化学习中，智能体通过尝试不同的行动来获取奖励或惩罚，从而学习如何在给定的环境中做出最优决策。

4. 深度学习

深度学习是一种基于神经网络的机器学习方法，通过多层次的神经网络模型来学习数据的特征表示。深度学习在图像识别、语音识别、自然语言处理等领域取得了很大的成功。

5. 模型评估与选择

在机器学习中，评估和选择合适的模型是非常重要的。常用的评估指标包括准确率、精确率、召回率、F1值等。选择模型时需要考虑模型的复杂度、泛化能力等因素。

6. 过拟合与欠拟合

过拟合和欠拟合是机器学习中常见的问题。过拟合指模型在训练数据上表现很好，但在测试数据上表现较差；欠拟合指模型无法很好地拟合训练数据。解决过拟合和欠拟合问题的方法包括增加训练数据、正则化、交叉验证等。

机器学习理论的发展对于推动人工智能技术的进步具有重要意义，在图像识别、语音识别、自然语言处理、智能推荐系统等领域都发挥着重要作用，为人们的生活和工作带来了诸多便利。这些理论和方法的研究和应用可以帮助机器从大量的数据中自动学习和提取有用的信息和知识，实现各种智能任务的完成和应用。

（六）自然语言处理理论

自然语言处理（Natural Language Processing，NLP）是人工智能领域的一个重要分支，旨在使计算机能够理解、解释、操纵人类语言。NLP涉及语音识别、语言理解、语言生成等多个方面，其理论基础包括计算机科学、语言学、认知心理学等多个学科。

NLP的发展对于提高计算机理解和处理自然语言的能力具有重要意义，在智能助手、智能客服、信息抽取、情感分析等领域都有广泛的应用。随着深度学习等技术的发展，NLP领域也取得了许多突破性进展，为实现更加智能化的自然语言处理提供了新的可能性。NLP涉及语音识别、语言理解、语言生成等多个方面，其理论基础包括计算机科学、语言学、认知心理学等多个学科。NLP的理论基础主要包括以下方面：

1.语言模型

语言模型是NLP的基础，它用于描述语言中单词或短语之间的关系。常见的语言模型包括n-gram模型、神经网络语言模型等。

2.词嵌入

词嵌入是将单词映射到连续向量空间的技术，它能够捕捉单词之间的语义关系。Word2 Vec和GloVe是常见的词嵌入模型。

3.语义理解

语义理解是指计算机理解语言的意义和含义。在NLP中，语义理解通常涉及自然语言理解、问答系统、信息检索等任务。

4.语法分析

语法分析是指对句子的结构和语法进行分析，以便计算机能够理解句子的组成和含义。常见的语法分析方法包括依存句法分析和短语结构分析。

5.句法分析

句法分析是研究句子结构和语法规则的过程。句法分析可以分析句子的成分、短语结构、依存关系等,帮助理解句子的语法结构和语义关系。

6.语义分析

语义分析是分析句子或文本的意义和语义关系的过程。语义分析可以涉及词义消歧(Word Sense Disambiguation)、句子情感分析(Sentiment Analysis)、命名实体识别(Named Entity Recognition)等任务,用于理解文本的语义和上下文含义。

7.机器翻译

机器翻译是 NLP 的一个重要应用领域,旨在实现不同语言之间的自动翻译。常见的机器翻译方法有统计机器翻译和神经网络机器翻译。

8.问答系统

问答系统是用于回答用户提出的自然语言问题的系统。问答系统需要理解用户问题的意图和语义,从知识库或文本中提取相关信息,并生成准确和完整的答案。

自然语言处理理论是人工智能理论的重要组成部分,也是智能财务研究的重要理论基础之一,是一种将自然语言转化为计算机可处理的形式,从而进行文本分析、情感分析、语音识别等应用的方法。自然语言处理理论可以帮助智能财务系统更好地理解自然语言文本,提高信息处理的准确性和效率。

(七)计算机视觉理论

计算机视觉(Computer Vision)是人工智能领域的一个重要分支,旨在使计算机能够理解和解释图像和视频数据。计算机视觉涉及图像处理、模式识别、机器学习等多个领域,其理论基础包括计算机科学、数学、信号处理等多个学科。

计算机视觉理论研究和开发用于使计算机能够理解和处理图像和视频的方

法和技术，包括图像处理、特征提取、目标检测与识别、图像分割和语义理解、三维重建与立体视觉、视频分析与跟踪等方面。计算机视觉理论的具体内容如下：

1. 图像获取和预处理

图像处理是计算机视觉的基础，用于对图像进行预处理、增强和分析。图像处理包括图像采集、图像传感器、图像去噪、图像增强、图像滤波、边缘检测、图像分割、图像压缩等技术和方法。

2. 特征提取和表示

特征提取是计算机视觉中的重要任务，用于从图像中提取具有代表性的特征。通过提取图像中的特征，如边缘、纹理、颜色等，将图像转换为计算机可以理解的形式。常用的特征提取方法包括 SIFT、HOG、CNN 等。特征提取可以帮助计算机理解图像中的重要信息，用于目标检测、分类和识别等任务。

3. 目标检测和识别

目标检测与识别是计算机视觉中的核心任务，用于在图像或视频中检测和识别特定的目标或物体。目标检测与识别涉及到特征提取、机器学习和深度学习等技术，可以应用于人脸识别、物体识别、行人检测等领域。通过训练模型或使用预训练模型，对图像中的目标进行检测和识别。常用的目标检测和识别算法包括 RCNN、YOLO、SSD 等。

4. 图像分割和语义理解

（1）图像分割

图像分割是将图像中的像素划分为不同的区域或对象的过程。其目标是将图像中的每个像素分配给特定的类别，从而实现对图像的细粒度的分析和理解。图像分割可以应用于许多领域，如目标检测、图像编辑、医学图像分析等。

（2）语义理解

语义理解是指对图像或文本中的内容进行理解和解释的过程。在图像领域，语义理解的目标是从图像中提取出高级语义信息，如物体类别、场景描述、行为动作等。通过语义理解，计算机可以更好地理解图像的含义和上下文，从而实现更高级的图像分析和应用。

图像分割与语义理解的结合：图像分割和语义理解可以相互结合，从而实现更精细和准确的图像理解和分析。例如，先利用图像分割方法将图像分割成不同的区域，然后对每个区域进行语义理解，识别其中的目标和属性。这种结合可以提高图像理解的精度和准确性，并广泛应用于图像注释、场景分析、自动驾驶等领域。

图像分割和语义理解是计算机视觉领域的重要任务，用于对图像进行细粒度的分析和理解。图像分割通过将图像中的像素划分为不同的区域或对象来，提取目标和背景的信息。语义理解通过识别和推理图像中的目标、属性和场景，实现对图像的语义级别理解。这两个任务的结合可以提高图像理解的精度和准确性，应用于各种智能视觉应用和系统。

5.三维重建和立体视觉

三维重建与立体视觉是计算机视觉中的重要研究方向，用于从多个图像中恢复场景的三维结构和深度信息。三维重建和立体视觉涉及到摄像几何、视差计算、光流估计等技术，可以应用于虚拟现实、增强现实、机器人导航等领域。通过多个视角的图像或深度传感器获取的数据，重建出三维场景的模型。常用的三维重建和立体视觉算法包括 SFM、SLAM、立体匹配等。

6.图像生成和增强

图像生成和增强是计算机视觉领域的重要研究方向。图像生成是指使用计算机算法生成新的图像，可以是从头开始生成完全新的图像，也可以是根据给定的条件生成符合要求的图像。常见的图像生成方法包括生成对抗网络（GAN）、变分自编码器（VAE）等。

（1）图像生成

图像生成是指利用计算机生成新的图像，使其看起来就像是由现实世界中的图像生成的。图像生成可以包括从随机噪声生成图像、基于条件输入生成图像（如给定文本描述生成图像）、图像超分辨率（生成高分辨率图像），以及图像补全等。常见的图像生成方法包括生成对抗网络（GAN）、变分自编码器（VAE）等。

（2）图像增强

图像增强是指改善现有图像的质量、增加其视觉效果或修复图像中的缺陷。图像增强可以包括调整亮度、对比度、颜色饱和度等基本参数，以及去噪、图像增强、图片修复等高级技术。常见的图像增强方法包括直方图均衡化、图像滤波、图像修复、图像去噪等。

图像生成与增强的结合：图像生成和增强可以相互结合，从而实现更好的图像生成和增强效果。例如，可以使用图像生成技术生成具有特定风格或特征的图像，然后应用图像增强技术对生成的图像进行改善。这种结合可以应用于图像编辑、图像合成、图像重建等领域。

图像生成和增强是计算机视觉领域的两个重要任务，用于生成新的图像或改善现有图像的质量。图像生成可以通过生成对抗网络等技术生成新的图像。图像增强可以通过调整图像参数、降噪、修复等技术改善图像质量。这两个任务的结合可以实现更好的图像生成和增强效果，用于各种图像处理和应用领域。

7. 视频分析与跟踪

视频分析与跟踪是计算机视觉中的任务，用于对视频进行分析、目标跟踪和行为识别。视频分析与跟踪涉及到运动估计、目标检测、运动跟踪等技术，可以应用于视频监控、智能交通系统等领域。这些理论和方法的研究和应用可以帮助计算机实现对图像和视频的自动分析、理解和处理，从而实现各种智能应用和系统。计算机视觉在自动驾驶、人脸识别、图像搜索、医学影像分析等领域有着广泛的应用，而且在实际应用中还有很多细分领域和技术。

计算机视觉理论是人工智能理论的重要组成部分，也是智能财务研究的重要理论基础之一，是一种通过计算机视觉技术识别和理解图像、视频等数据的方法，从而进行人脸识别、物体检测、行为分析等应用。计算机视觉理论可以帮助智能财务系统更好地识别和理解财务数据，提高数据处理的准确性和效率。

（八）数据库理论

数据库理论是智能财务研究的重要理论基础之一，是一种组织和存储数据的方法，可以帮助研究者和管理者更好地管理和利用数据资源。数据库理论包括数据模型设计、数据库查询优化、数据库安全性等技术，可以用来实现数据存储、查询和处理的功能。数据库理论是关于组织、管理和操作数据库的原则和概念的学科，其提供了一套规范和方法，用于设计、实现和维护数据库系统。数据库理论的核心内容包括以下方面：

1. 数据模型

数据模型定义了数据库中数据的组织方式和表示方法。常见的数据模型包括层次模型、网络模型、关系模型和面向对象模型等。其中，关系模型是最常用的数据模型，使用表格（关系）来表示数据，并通过关系代数和关系演算来操作数据。

2. 数据库设计

数据库设计是指根据应用需求和数据模型，将现实世界的数据转化为数据库结构的过程。数据库设计包括实体 - 关系模型（ER 模型）的设计、关系模式的设计、范式理论的应用等。良好的数据库设计可以提高数据的存储效率、查询效率和数据完整性。

3. 数据库语言

数据库语言用于定义和操作数据库中的数据和结构。常见的数据库语言包括结构化查询语言（SQL）、数据定义语言（DDL）、数据操作语言（DML）

等 SQL 是最常用的数据库语言，它提供了丰富的语法和功能，用于创建表、插入数据、查询数据、更新数据等操作。

4. 数据库事务

数据库事务是指一组数据库操作的逻辑单元，要么全部执行成功，要么全部失败。事务具有原子性、一致性、隔离性和持久性（ACID）的特性，保证了数据库操作的正确性和可靠性。

5. 数据库索引

数据库索引是一种数据结构，用于加快数据的检索速度。索引可以根据某个列或多个列的值来组织数据，并提供快速的查找和排序功能。常见的索引类型包括 B 树索引、哈希索引、全文索引等。

6. 数据库索引

数据库索引是一种数据结构，用于加快数据检索的速度。通过创建索引可以提高查询效率，但也会增加数据插入和更新的开销。

7. 数据库查询优化

数据库查询优化是指通过选择合适的查询执行计划和优化技术，来提高查询性能。常见的优化技术包括索引优化、查询重写和统计信息收集等。

8. 数据库安全性

数据库安全性是指保护数据库免受未经授权的访问、数据泄露和数据损坏的能力。常见的数据库安全措施包括访问控制、加密和备份恢复等。

数据库理论的研究和应用广泛应用于各个领域，如企业管理系统、电子商务、社交网络、物联网等。它为数据的组织、存储和访问提供了理论基础和实践指导，对于高效、安全和可靠地管理大量数据至关重要。

（九）统计学和计量经济学

统计学和计量经济学是智能财务研究的重要工具和方法。通过统计学和计量经济学的方法，可以对财务数据进行分析和建模，能够揭示财务数据背后的规律和关联性。

　　统计学是一门研究数据收集、分析、解释和推断的学科，它提供了一系列的方法和技术，用于收集和整理数据，描述数据的特征，进行数据分析和推断，并从数据中得出结论。统计学在各个领域都有广泛的应用，包括经济学、社会科学、医学、工程等。计量经济学是经济学的一个分支，它运用统计学和数学方法来研究经济现象和经济理论。计量经济学的主要目标是通过建立经济模型和使用统计方法来量化经济理论和经济政策的影响。它研究经济变量之间的关系，通过实证分析来验证经济理论，并提供政策建议。统计学和计量经济学在经济学领域有着密切的联系。统计学提供了计量经济学所需的数据处理和分析工具，帮助经济学家从大量的数据中提取有用的信息；计量经济学则运用统计学的方法来验证经济理论，并提供实证分析的结果来支持经济政策的制定和评估。

（十）交叉学科理论

　　交叉学科理论的发展源于对传统学科边界的挑战和对综合性问题的需求。交叉学科理论是指不同学科之间相互交叉、融合，形成新的理论体系和研究方法的理论。在当今学术研究中，交叉学科理论越来越受到重视，因为它能够促进不同学科之间的知识交流和创新。交叉学科理论的发展有助于打破学科之间的壁垒，促进跨学科合作，推动学科之间的相互渗透和融合。通过交叉学科理论的研究，可以更好地解决复杂问题，拓展学科研究的边界，促进学科之间的相互促进和共同发展。交叉学科理论强调学科之间的互补性和相互作用，通过整合不同学科的知识和方法，来解决复杂问题。它在推动学科发展和解决实际问题方面具有重要的作用。交叉学科理论的研究内容包括以下方面：

　　1.学科交叉的动机和原因

　　研究学科之间交叉的动机和原因，包括需求驱动、问题驱动、方法驱动等。了解学科交叉的动机和原因，有助于理解学科融合的机制和路径。

2.学科交叉的模式和机制

研究学科之间交叉的模式和机制,包括跨学科研究项目、跨学科研究团队、跨学科研究机构等。探索学科交叉的模式和机制,有助于促进学科之间的合作和创新。

3.学科交叉的影响和效果

研究学科交叉对学科发展的影响和效果,包括学术创新、知识转化、问题解决等方面。评估学科交叉的影响和效果,有助于优化学科交叉的实践和机制。

4.学科交叉的挑战和机遇

研究学科交叉面临的挑战和机遇,包括学术界的认可、资源分配、学科边界和文化差异等。了解学科交叉的挑战和机遇,有助于制定有效的政策和策略,推动学科交叉的发展。

交叉学科理论是智能财务研究的推动力,包括经济学、金融学、会计学、统计学等学科的理论知识和技术方法。交叉学科理论可以用来拓展智能财务研究的领域和深度,促进多学科融合和创新。智能财务研究是基于多个领域的理论与技术的跨学科研究。这些理论基础为智能财务系统的设计和应用提供了指导,能够帮助研究者和管理者更好地应对复杂多变的市场环境,提高财务决策的准确性和效率。随着技术的不断进步和应用场景的不断扩展,智能财务研究将不断深入和完善,为企业财务活动和管理决策提供更加智能化和高效的解决方案。

综上所述,智能财务研究是在多个学科领域的交叉下形成的综合性研究领域。在未来的发展中,随着技术的不断进步和应用场景的不断扩展,智能财务研究将不断深入和完善,为智能财务的发展提供坚实的基础,同时也为企业财务活动和管理决策提供更加智能化和高效的解决方案。

第四章 数字经济时代智能财务技术支撑与逻辑框架

第一节 数字经济时代推动智能财务转型的信息技术

在当前信息技术快速发展的时代，智能化应用已经渗透到各个行业领域，智能财务的转型成为了推动企业财务管理的重要趋势。本章旨在探讨如何利用信息技术推动智能财务转型，以提高企业财务管理效率和决策能力。随着科技的快速发展和智能化时代的到来，传统财务领域也面临着巨大的变革和机遇。

传统的财务管理往往依赖于人工处理和复杂的手工操作，导致了许多问题的出现，如数据输入错误、信息不准确、流程低效等。然而，随着信息技术的不断发展，智能财务转型为财务管理带来了前所未有的机遇。通过引入人工智能、大数据分析、区块链等先进技术，企业可以实现财务数据的自动化采集、智能分析和实时监控，从而提高财务管理的效率和精确度。信息技术作为一种重要的推动力量，为财务领域带来了许多创新和改进的机会。推动智能财务转型的信息技术有以下方面：

一、人工智能（AI）

人工智能技术可以应用于财务领域的各个方面，如自动化数据处理、智能风险评估、预测和决策支持等。通过机器学习和深度学习算法，人工智能可以帮助财务部门更高效地处理大量数据，并提供准确的分析和预测结果。

人工智能（Artificial Intelligence，AI）在智能财务领域的应用可以推动智能财务转型的进程。人工智能推动智能财务转型体现在以下方面：

（一）数据分析和预测

人工智能可以通过大数据分析和机器学习算法，人工智能可以自动化处理大量的财务数据，并通过机器学习和深度学习算法对财务数据进行深入挖掘和分析，帮助企业发现隐藏在数据中的规律和趋势。人工智能通过预测模型，可以帮助财务部门更快速、准确地提取和整理数据，提供准确的财务预测和决策支持，助力管理者做出更明智的财务决策。

（二）自动化和智能化

人工智能可以自动化财务流程，提高工作效率和准确性。例如，通过自动化的财务软件，可以实现自动记账、发票识别和报表生成等功能，减少人工操作和错误。同时，人工智能还可以通过智能语音识别和自然语言处理技术，实现智能客服和智能助手，提供实时的财务咨询和服务。

（三）风险管理和欺诈检测

人工智能可以通过分析大量的财务数据和交易记录，识别潜在的风险因素，并提供预警和风险管理建议，帮助财务部门进行风险评估和预测，AI还可以通过监测异常模式和行为来检测潜在的欺诈行为，提高财务风险的识别和防范能力。例如，通过建立欺诈检测模型，可以实时监测交易数据，发现异常交易和欺诈行为，并及时采取措施进行防范和处理。

（四）智能投资和资产管理

人工智能可以通过分析市场数据和企业财务数据，提供智能投资建议和资产配置策略。通过机器学习算法和深度学习模型，可以识别投资机会和风险，帮助投资者做出更明智的投资决策。

（五）智能决策支持

人工智能可以为财务决策提供智能支持。通过分析和挖掘大数据，AI可以提供针对特定问题的决策建议和洞察。AI还可以通过模拟和优化算法，帮助财务部门制定最优的财务决策方案。这有助于提高决策的准确性和效率。

（六）智能报告

人工智能可以自动生成财务报告，减少人工编制报告的时间和工作量，可以根据财务数据和业务指标，生成可视化的报告和图表，帮助管理层更好地理解和分析财务状况。这样可以提高决策的依据和效果。

（七）客户服务和沟通

人工智能可以改善财务部门与客户之间的沟通和服务，通过自然语言处理和机器学习技术，AI还可以实现自动化的客户服务和沟通，提供及时的财务信息和解答客户问题，提高客户满意度和财务部门的效率。

（八）联接其他系统和数据源

人工智能可以与其他系统和数据源进行联接，例如企业资源计划（ERP）系统、客户关系管理（CRM）系统等。通过整合不同的数据源，人工智能可以提供更全面、准确的财务分析和预测，帮助企业做出更明智的决策。

综上，通过应用人工智能技术，财务部门能够更好地利用数据，提高工作效率和准确性，降低风险，提供更好的决策支持，并提升客户服务质量。人工智能可以推动智能财务转型，提高财务部门的工作效率、准确性和决策能力，帮助财务团队更好地管理财务风险、优化资源配置，并为企业的战略决策提供有力支持。然而，智能财务转型也需要考虑数据安全和隐私保护等问题，并确保与现有系统的兼容性和无缝集成。智能财务转型将能够提高财务部门的绩效，推动整个组织的数字化和智能化发展。

二、大数据分析

随着信息技术的快速发展和数据规模的不断增长，大数据分析在各个行业中的应用越来越广泛。智能财务作为一个重要的领域，也开始借助大数据分析来提高财务决策的准确性和效率。大数据技术可以帮助财务部门从海量的数据中提取有价值的信息，并进行深入地分析。通过对财务数据、市场数据和其他相关数据的整合和分析，可以发现隐藏的模式和趋势，为财务决策提供更准确的依据。大数据分析推动智能财务转型体现在以下方面：

（一）数据驱动决策

大数据分析可以帮助财务部门更好地理解和分析企业的财务数据，发现数据中的模式和趋势，从而为决策提供更准确的依据。通过对大量数据的挖掘和分析，财务部门可以发现隐藏在数据背后的规律和趋势，了解业务状况、市场趋势和风险因素，从而更好地预测未来的财务状况，进而优化财务决策。

（二）数据挖掘和洞察

大数据分析可以帮助财务部门从海量的数据中挖掘出有价值的信息和洞察。通过对财务数据、市场数据、客户数据等进行分析，可以发现隐藏的模式、趋势和关联性，还可以帮助财务部门更好地理解企业的财务状况、市场需求和客户行为，从而做出更明智的决策。

（三）实时监测与预测

大数据分析可以帮助财务部门实时监测财务指标和业务绩效并进行预测，通过对实时的财务数据进行分析，可以及时发现潜在的问题和机会，并采取相应的行动。实时监测和预测能力使财务部门能够更加迅速地应对各种变化，然后在以此做出更有前瞻性和战略性的决策。

（四）风险管理

大数据分析可以帮助财务部门识别和管理风险，通过对大量的财务和市场数据进行分析，可以发现潜在的风险因素并提供预警和风险管理建议，其有助于财务部门及时识别和应对风险，从而降低企业面临的风险和不确定性。例如，通过对供应链数据的分析，可以及时发现供应商的风险，从而避免供应链中断或质量问题。

（五）客户洞察和个性化服务

大数据分析可以帮助财务部门更好地了解客户需求和行为，提供更个性化的产品和服务，通过分析客户数据和交易数据，可以识别客户的偏好、购买模式和生命周期价值，针对不同的客户群体制定个性化的财务服务和产品，从而更好地满足客户的需求，提高客户的满意度和忠诚度。

（六）财务规划与预算

大数据分析可以帮助财务部门进行财务规划和预算，通过对历史数据和市场趋势的分析，可以制定更准确和可靠的财务预算和规划方案，有助于财务部门更好地控制成本、优化资源分配并实现财务目标的达成。

（七）成本优化和效率提升

大数据分析可以帮助财务部门发现成本优化的机会，进而能够提高工作效率。通过分析企业的成本结构和业务流程，可以找到成本高、效率低的环节，并进行改进和优化，可以降低企业的运营成本，提高财务部门的工作效率和资源利用率。

综上所述，大数据分析通过提供更准确和全面的数据分析能力，帮助财务部门做出更明智的决策、监测、管理风险和预测业务绩效，提供更好的客户服务，从而推动向智能财务地转型，使财务部门更加高效、敏捷和有战略性。

三、区块链技术

随着信息技术的快速发展和全球经济的日益复杂化，传统的财务管理方式已经无法满足企业和组织对高效、准确、可追溯的财务管理需求。区块链技术作为一种分布式账本技术，具有去中心化、透明性、不可篡改等特点，被广泛认为是促进智能财务转型的关键技术之一。可以在此背景下研究区块链技术如何应用于会计学领域，推动智能财务转型的实践。区块链技术推动智能财务转型体现在以下方面：

（一）透明可追溯的交易记录

区块链技术可以建立去中心化、不可篡改的分布式账本，记录和验证所有的财务交易，使得财务记录具有极高的透明度和可追溯性，可有效减少人为错误和欺诈行为的可能性，提高交易的可信度。

（二）自动化的智能合约

区块链技术可以实现自动执行的智能合约，将财务规则和条件编码在区块链上。智能合约可以自动触发财务交易，并根据预设的条件实施相关的操作，减少人工干预的需要，提高交易的效率和准确性。

（三）去中心化的融资和支付

区块链技术可以实现去中心化的融资和支付，打破了传统金融机构的中介角色。通过区块链，企业可以直接与投资者进行融资和支付，降低融资和支付的成本并加快交易的速度。

（四）数据隐私和安全

区块链技术使用密码学和加密算法来保护数据的隐私和安全，由于数据存储在区块链的分布式网络中，而不是集中存储在一个中心服务器上，因而能够降低数据被攻击和盗窃的风险，为财务数据提供了更高的保护级别。

（五）去除中介和降低成本

区块链技术通过提供透明可追溯的交易记录、自动化的智能合约、去中心化的融资和支付、数据隐私和安全等特点，直接将交易参与方连接在一起，减少了中介环节和相关费用，降低了财务交易的成本，推动智能财务的转型。区块链技术的应用使财务交易更加高效、安全、透明和可信，帮助财务部门更好地理解和利用财务数据，促进财务流程的改进和创新，提高决策的准确性和效率，降低风险，提供个性化的财务服务，推动智能财务转型。

四、云计算技术

云计算技术作为一种高效、灵活和可扩展的计算模式，为智能财务提供了强大的支持。云计算技术可以提供弹性和可扩展的计算资源，为财务部门提供更高效的数据存储和处理能力，同时还可以提供分布式账本和安全的交易记录。在财务领域，区块链可以用于实现跨机构的交易和结算，通过将财务数据和应用程序迁移到云平台，可以降低成本、提高灵活性，并实现实时数据访问和协作，从而提高交易的透明性和可追溯性。云计算技术推动智能财务转型体现在以下方面：

（一）自动化和智能化

云计算技术可以与人工智能和机器学习相结合，以实现财务业务的自动化和智能化。例如，通过使用云计算平台和智能算法，财务部门可以自动化地进行财务报表的生成和分析，提高工作效率和准确性。

（二）弹性和可扩展性

云计算技术提供了弹性和可扩展性的计算和存储资源。财务部门可以根据需要灵活地调整资源的规模和配置，以适应业务的变化，使财务部门能够更高效地处理大量的财务数据和分析任务，从而满足不断增长的业务需求。

（三）数据存储和处理

云计算提供了大规模的数据存储和处理能力，使得财务数据可以被集中存储和管理。通过云计算平台，财务部门可以轻松地处理大量的数据，进行快速的数据分析和报告生成。

（四）数据整合和协同

云计算技术可以将不同的财务系统和数据源整合在一个统一的云平台上，使财务部门可以更方便地访问和共享数据，提高数据的一致性和准确性。同时，云平台还支持多用户协同工作，促进了团队合作和信息共享。

（五）实时数据分析

云计算技术以按需付费的模式提供计算和存储资源，云计算技术使得财务部门可以实时地进行数据分析和处理。通过将分析任务部署在云上，财务部门可以利用云计算的强大计算能力和存储资源，快速地处理大数据，并实时地生成财务分析报告和洞察，通过云计算平台，财务部门可以实时监控财务指标，及时发现问题并采取相应的措施，有助于财务部门更及时地了解业务状况和趋势，从而做出更准确的决策。

（六）实时数据分析和预测

云计算技术可以实现实时数据分析和预测，成本效益和灵活性：财务部门可以根据实际需求灵活地调整资源的使用量，仅支付实际使用的费用，有效降低了基础设施和运维的成本。同时，云计算技术还使得财务部门能够更快速地部署新的应用和服务，提高了灵活性和创新能力。

（七）数据安全和隐私保护

云计算技术提供了多层次的数据安全和隐私保护机制。云服务提供商通过加密、身份验证和访问控制等技术，以确保数据在传输和存储过程中的安全性和隐私性。同时，云计算技术还遵循相关法规和合规要求，保护用户的数据隐私。财务部门可以将数据存储在云端，减少了数据丢失和泄露的风险。

（八）跨部门协作与信息共享

云计算技术可以打破部门之间的信息壁垒，实现跨部门的信息共享和协作，使得财务人员可以更加方便地与其他部门的人员进行沟通和协作，提高财务管理的协同性和效率。

（九）灵活性与可扩展性

云计算技术具有灵活性和可扩展性，可以根据企业的需求进行定制和扩展，使得企业可以根据自身的发展需求和业务变化，灵活地调整财务管理系统的功能和性能。

（十）安全性与可靠性

云计算技术提供了严格的安全保障措施，可有效保护企业的财务数据不被泄露和篡改。同时，云计算技术也具有高度的可靠性，可以确保财务系统的稳定运行和数据的完整性。

云计算技术对智能财务转型具有重要的推动作用，通过提供可扩展和弹性的资源、高级数据分析和预测能力，以及更高的安全性和数据保护能力，云计算技术使得企业能够更高效、更准确地进行财务管理。

五、物联网（IoT）

随着信息技术的迅猛发展，物联网技术逐渐成为推动各行各业转型升级的重要力量。在财务管理领域，物联网技术的应用正逐渐改变着传统的财务模式，促进智能财务转型。物联网技术通过实时数据采集、云计算和人工智能等先进技术手段，使财务管理更加高效、精确和智能化，为企业提供了更好的决策支持和风险控制能力。物联网技术推动智能财务转型体现在以下方面：

（一）数据采集和监控

物联网技术可以实现对财务相关设备和资产的实时数据采集和监控，通过传感器和设备的连接，财务部门可以获取到更准确、实时的数据，如销售数据、库存数据、生产数据、生产设备的运行状态和库存水平等，还可以提高数据的准确性和可靠性，为财务决策提供更好的依据，提高财务管理的效率和精度。

（二）实时的供应链管理

物联网技术可以实现供应链的实时监控和管理，通过在供应链中各个环节的设备和物品上安装传感器，财务部门可以实时跟踪物流和库存情况，以此来准确预测交货时间和成本，从而提高供应链的效率和可靠性。

（三）自动化和智能化

物联网技术可以实现财务流程的自动化和智能化，通过与财务系统的集成，物联网设备可以自动收集和传输财务数据，减少了人工干预和错误。同时，通过使用人工智能和机器学习算法，可以对财务数据进行分析和预测，从而为企业提供更准确的财务预测和决策支持。

（四）资产管理和追踪

物联网技术通过在资产上安装传感器和标签，财务部门可以随时了解资产的位置、使用情况和维护需求，帮助财务部门实现对资产的实时管理和追踪。通过将资产与物联网设备连接，可以实时监测资产的位置、状态和使用情况，有助于优化资产的利用率和维护成本，并减少资产损失和浪费，助力财务部门更好地管理资产，包括固定资产的折旧和维护，库存的管理和优化等。

（五）风险管理和安全性

物联网技术可以给企业提供更好的风险管理和安全性保障，通过物联网设备的连接和数据采集，财务部门可以实时监测和预警潜在的风险，包括供应链中的延迟或故障、资产的损坏或丢失等。同时，物联网技术也可以提供更强大的安全性保障，包括数据加密以及身份验证等措施，确保财务数据的安全性和可靠性。

（六）智能的支付和结算

物联网技术可以实现智能支付和结算，通过将传感器和设备与财务系统集成，财务部门可以实现自动化的支付和结算过程。例如，当设备完成一项任务时，可以自动触发相应的支付和结算操作，可有效减少人工干预和处理时间。

（七）客户体验和服务创新

物联网技术可以帮助财务部门提供更好的客户体验和创新的服务，通过与客户的物联网设备连接，财务部门可以实时获取客户的使用情况和需求，为客户提供更为个性化的财务服务和建议。这有助于提高客户满意度和忠诚度，促进业务增长。

总体而言，物联网技术可以推动智能财务转型，提高财务部门的数据采集和分析能力，实现财务流程的自动化和智能化，提升数据采集和监控、实时的供应链管理、实时的供应链管理、自动化和智能化、资产管理和追踪、风险管理和安全性、智能的支付和结算能力，能够助推客户体验和服务创新。然而，在应用物联网技术时企业需要考虑数据隐私和安全性等问题，并确保与相关法规和标准的合规性。通过物联网技术的应用，企业可以实现财务数据的实时采集、处理和分析，从而提高财务决策的准确性和时效性，进一步提升企业财务管理水平和竞争力。

六、电子发票

随信息技术的快速发展和普及，电子发票作为一种新型的财务管理工具逐渐成为各个行业的关注焦点。电子发票通过将传统纸质发票转化为电子形式，不仅提高了财务管理的效率和准确性，还为企业提供了更多的数据分析和决策支持。特别是在智能财务转型的背景下，电子发票的应用将进一步推动企业的数字化转型和创新。

电子发票是指以电子形式生成、传输和存储的财务凭证，具有与传统纸质发票相同的法律效力。智能财务转型是指利用先进的信息技术和智能化工具来提高财务管理的效率和准确性，从而实现财务决策的智能化和自动化。电子发票的推广和应用可以促进智能财务转型，具体体现在以下方面：

（一）自动化流程

电子发票可以实现财务流程的自动化。传统的纸质发票需要手工处理和录入，容易出现错误和延误。而电子发票可以通过与财务系统的集成，实现自动的发票生成、传输和存储，减少了人工处理的时间和工作量，避免了人工干预和错误，可实现电子发票的自动接收、处理和归档，从而提高财务流程的效率和准确性。

（二）实时数据分析

电子发票可以提供实时的财务数据，通过电子发票系统，财务部门可以实时获取到销售和采购等交易的详细信息，包括金额、时间、商品信息等，可以帮助财务部门更及时地进行数据分析和决策，例如销售趋势分析、成本控制等，提高财务管理的精确性和灵活性。

（三）数据精确性和可追溯性

电子发票的数据可以被数字化和标准化，减少了人为错误和欺诈行为的可能性。同时，电子发票的生成和传输可以被记录和追溯，提高财务数据的可信度和可追溯性。

（四）防止欺诈和避税

电子发票可以提高财务数据的可信度和安全性。电子发票系统可以记录交易的详细信息，并提供数字签名和时间戳等安全措施，防止发票的伪造和篡改，有助于减少欺诈行为和避税行为，提高财务管理的合规性和透明度。

（五）节约成本和资源

电子发票可以减少纸质发票的使用，从而节约成本和资源，可降低财务部门的运营成本。传统的纸质发票需要印刷、邮寄和存储等环节，不仅费时费力，还对环境造成负面影响。而电子发票可以通过电子方式发送和存储，节约了纸张、印刷和邮寄等成本，同时也降低了对物理空间的需求。此外，电子发票也减少了纸张的使用量和环境影响，这更加符合可持续发展的理念。

（六）数据分析和报告

电子发票生成的数据可以用于财务分析和报告。财务部门可以通过分析电子发票数据，了解销售额、支出、税收等关键指标，帮助企业更好地进行财务规划和决策。

电子发票通过自动化流程、实时数据分析、防止欺诈和避税、节约成本和资源，以及数据分析和报告等方面，以促进智能财务的转型。电子发票的应用使财务部门能够更高效、准确和环保地处理财务数据和流程，并推动了财务流程的改进和创新。电子发票的推广和应用可以促进智能财务转型，实现财务流程的自动化和数字化，提供实时的财务数据分析和决策支持，增强财务数据的可信度和安全性，同时也节约成本和资源。然而，在推行电子发票时，企业需要考虑数据隐私和安全性等问题，并确保与相关法规和标准的合规性。

七、电子会计档案

电子会计档案作为会计信息化的重要组成部分，对于推动智能财务转型具有重要意义。随着数字技术的迅猛发展，传统纸质会计档案逐渐被电子会计档案所取代，成为了财务管理的重要工具。电子会计档案的使用不仅可以提高财务数据的准确性和可靠性，还可以提高财务决策的效率和灵活性。

电子会计档案的引入为智能财务转型提供了重要的基础。传统的纸质会计档案存在着信息存储和检索效率低、易损坏和丢失等问题，而电子会计档案通过数字化和自动化的方式很好地解决了这些问题。它能够实现信息的快速存储、检索和分享，提高了会计信息的可靠性和可访问性。电子会计档案的推广和应用可以促进智能财务转型，具体体现在以下几个方面：

（一）数据存储和管理

电子会计档案以电子形式存储和管理财务数据，包括会计凭证、账簿、报表等。传统的纸质会计档案需要大量的物理空间来存储，而电子会计档案可以通过数字化方式进行存储，节约了空间和成本。相比传统的纸质档案，电子会计档案不仅节省了空间、便于搜索、分类和归档，还可以进行备份和恢复，保证了数据的安全性和可靠性，提高了数据的可管理性。

（二）审计和合规性

电子会计档案方便审计工作的进行。审计人员可以远程访问电子会计档案，快速获取所需的财务信息并进行审计。此外，电子会计档案能够提供完整的审计轨迹和历史记录，能够强化合规性的监督与管理。

（三）实时数据分析

电子会计档案可以提供实时的财务数据。通过电子档案系统，财务部门可以随时获取到各种财务数据，包括收入、支出和资产负债等信息，可以帮助财务部门更及时地进行数据分析和决策。例如预测和规划，提高了财务管理的准确性和效率。

（四）安全性和备份

电子会计档案提供了更好的数据安全性和备份机制，通过密码保护、权限控制和数据加密等措施，保护财务数据的机密性和完整性。同时，电子会计档案能够定期进行数据备份，以防止数据丢失和灾害恢复。

（五）自动化处理

电子会计档案可以实现财务处理的自动化。传统的纸质档案需要手工整理和归档，容易出现错误和延误。而电子档案可以通过与财务系统的集成，实现自动的数据录入和处理，可以大大减少人工干预和错误，提高财务处理的效率和准确性。

（六）数据共享和协作

电子会计档案可以实现数据的共享和协作。通过电子档案系统，不同部门和人员可以共享和访问财务数据，提高了信息的流通和沟通效率。同时，电子档案也可以实现权限管理，能够确保数据的安全性和保密性。

（七）提高数据安全性

电子会计档案可以通过权限控制和加密技术来保护财务数据的安全性。相比纸质文件容易丢失或被盗窃，电子会计档案可以通过权限控制、加密技术和计功能来提升数据的安全性和合规性，确保财务信息不被未经授权的人员访问，从而更好地保护财务数据的机密性和完整性，遵守相关法规和规定。

（八）云存储和远程访问

电子会计档案可以通过云存储技术实现数据的安全存储和远程访问。企业可以随时随地访问和共享财务数据，方便跨地域合作和协作。对于跨国企业或分布在不同地区的企业来说，电子会计档案可以提供便利，使得财务数据的共享和协作更加容易。财务人员可以远程访问和处理档案，促进跨地域合作和沟通。

（九）支持可持续发展

电子会计档案的推广和应用符合可持续发展的理念，其通过减少纸张的使用和打印，降低了对自然资源的消耗和对环境的污染。同时，电子档案也可以促进绿色办公，推动企业朝着更环保的方向发展。

（十）提升客户满意度

电子会计档案可以提供更快速、准确和便捷的财务服务，提升客户的满意度。客户可以随时查看和下载相关的财务报表和文件，方便了解企业的财务状况，加强与企业的合作关系。

（十一）提供实时洞察力

通过电子会计档案系统，财务人员可以随时获取到最新的财务数据和报表，能够及时发现和解决潜在的财务问题，并做出更明智的决策。

（十二）便于审计和合规

电子会计档案可以提供完整的、可追溯的财务记录，方便审计人员进行审计工作。此外，电子档案系统可以帮助企业遵守相关法规和合规要求，提高企业的合规性。

（十三）提高工作效率

电子会计档案可以减少繁琐的手工操作和文件查找时间，提高了财务人员的工作效率。他们可以更快速地访问和处理财务数据，从而有更多时间用于分析和决策。

（十四）减少错误和风险

电子会计档案系统可以自动进行数据录入和处理，减少人为错误的可能性。此外，电子档案可以进行备份和恢复，保护数据免受丢失或损坏的风险。

（十五）节约成本

电子会计档案可以减少纸质文件的使用和存储空间的需求，从而降低了相关的成本。此外，电子档案系统可以自动化许多繁琐的财务流程，减少人力资源的需求，从而进一步节约成本。

（十六）促进数字化转型

电子会计档案是企业数字化转型的一部分，通过推广和应用电子会计档案，企业可以实现财务管理的数字化转型，提高工作效率、减少错误和风险、提供实时洞察力、便于审计和合规。同时，数字化转型还可以促进企业的创新和竞争力，使企业更好地适应数字化时代的挑战和机遇，有助于提高企业的竞争力和创新能力，为企业的可持续发展奠定基础。

电子会计档案的推广和应用可以促进智能财务转型，实现会计档案的数字化存储、实时数据分析、自动化处理和数据共享、提高工作效率、减少错误和风险、提供实时洞察力、便于审计和合规等功能，有助于提高财务管理的准确性、效率和透明度，推动企业向智能化的财务管理模式转型，助力企业实现更高效、准确和智能化的财务管理，为企业的可持续发展提供支持。然而，在推行电子会计档案时，企业需要考虑数据隐私和安全性等问题，并确保与相关法规和标准的合规性。

八、数据中台

数据中台在智能财务中起着重要的作用。智能财务是指利用人工智能和大数据技术来提升财务管理和决策的能力。数据中台作为集中管理和整合数据的平台，可以为智能财务提供以下方面的支持：

（一）数据集成、整合和标准化

数据中台可以将来自不同系统和部门的数据进行集成和整合，消除数据孤岛，为企业提供全面、准确的数据基础，从而提高数据的一致性和准确性，为智能财务的分析和决策提供可靠的数据支持；数据中台可以整合来自不同系统和部门的数据，并进行标准化处理，智能财务系统可以从统一的数据源获取数据，避免了数据冗余和不一致性的问题，提高了数据的准确性和可信度。

（二）数据清洗和质量控制

数据中台可以对数据进行清洗和质量控制，去除重复、错误和不完整的数据，提高数据的准确性和可信度，能够确保智能财务分析的结果准确可靠。

（三）数据分析和挖掘

数据中台可以利用人工智能和大数据技术对数据进行深度分析和挖掘，发现数据中的潜在规律和关联性，为智能财务提供更深入的洞察和决策支持。

（四）数据预测和预警

数据中台可以为智能财务系统提供丰富的数据资源，支持各类财务分析和预测模型的建立和运行；数据中台可以利用历史数据和模型算法进行预测和预警，帮助智能财务预测未来的财务状况和风险，及时发现潜在的问题和机会，通过智能财务系统的数据分析和预测功能，企业可以更准确地进行财务规划和预测，提高财务管理的效率和精度。

（五）数据安全和隐私保护

数据中台可以对财务数据进行统一的权限管理和访问控制，以确保财务数据的安全性和隐私保护。智能财务系统可以通过与数据中台的集成来实现对财务数据的安全处理和访问控制，提高财务数据的保密性和合规性。

（六）自动化和智能化

数据中台可以与智能财务系统和工具进行集成，实现数据的自动化采集、处理和分析，从而提高财务管理的效率和准确性，减少人工操作的错误和成本。

（七）实时性和准确性

数据中台可以实时采集和处理企业各类财务数据，提供及时可靠的数据分析和报告。智能财务系统可以基于数据中台的实时数据进行智能分析，帮助企业及时发现并解决财务问题。

（八）风险管理和合规性

数据中台可以提供全面的数据视图和监控功能，帮助智能财务系统进行风险管理和合规性检查。通过对财务数据的实时监控和分析，智能财务系统可以及时发现潜在的风险和违规行为，并采取相应的措施进行预防和处理。

（九）数据共享和协作

数据中台可以提供数据共享和协作的平台，促进不同部门之间的合作和信息共享。智能财务系统可以与其他系统进行集成，实现数据的无缝流动和共享，提高各个部门之间的协作效率和决策一致性。

总之，数据中台在智能财务中的作用是数据集成、清洗、数据整合、实时性和准确性、数据分析和预测以及数据安全和隐私保护等。数据中台通过数据中台将各个业务系统的数据进行整合和共享，提供统一的数据服务和接口，更好地利用数据进行分析、预测和决策，为财务管理和决策提供可靠的数据支持，提高财务管理的效率、精度和准确性，实现数据驱动的财务管理，降低风险和成本，为企业的可持续发展提供有力支持。

九、数据挖掘

随着信息技术的快速发展，智能财务作为会计学领域的新兴研究方向引起了广泛关注。数据挖掘技术作为智能财务的重要组成部分，具有挖掘财务数据中隐藏信息的能力，为决策者提供了更准确、更全面的财务分析和预测。

传统的财务管理主要依赖于人工处理和分析海量的财务数据，不仅费时费力，而且很容易出现错误。随着大数据时代的到来，财务数据的规模和复杂性不断增加，海量的财务数据给传统的财务管理带来了巨大的挑战。随着大数据时代的到来，传统的财务分析方法已经无法满足实际需求。因此，研究智能财务中数据挖掘技术的作用具有重要意义。数据挖掘技术对智能财务的推动作用体现在以下几个方面：

（一）发现隐藏在海量数据中的有价值信息

数据挖掘技术能够从大规模的数据中自动发现隐藏在数据背后的模式、关联关系和知识，并从中提取有用的、有意义的信息。数据挖掘技术通过分析和挖掘数据中的有用信息，可以揭示隐藏在数据中的模式、趋势和规律，可以帮助企业发现市场趋势、消费者行为模式、产品销售规律等，为决策提供科学依据。

（二）提升财务数据处理效率

数据挖掘技术可以对大量财务数据进行高效处理，自动提取有用的信息，从而减少了人工处理的时间和精力，提高财务工作的效率。

（三）增强财务数据分析能力

数据挖掘技术可以对财务数据进行深入分析，发现数据之间的关联和规律，为财务决策提供有力支持。例如，通过对销售数据和库存数据的分析，可以预测未来的销售趋势，为采购和生产计划提供依据。

（四）改善财务管理和风险控制

数据挖掘技术通过建立风险模型，对风险进行评估和预警，帮助企业分析财务数据，识别潜在的风险和问题，提高财务管理的效率和精确性。数据挖掘技术通过对财务数据的挖掘和分析，能够更好地进行成本控制、风险管理和盈利预测，降低企业的财务风险。

（五）推动财务决策智能化

数据挖掘技术可以结合人工智能技术，实现财务决策的智能化。通过对历史数据的挖掘和分析，可以建立预测模型，为未来的财务决策提供参考。

同时，数据挖掘技术还可以帮助企业发现新的商业机会，为企业的战略规划提供有力支持。

数据挖掘技术对智能财务的作用在于提升数据处理效率、增强数据分析能力、优化财务风险管理以及推动财务决策智能化等方面。通过应用数据挖掘技术对大量数据的挖掘和分析，企业可以更好地管理财务数据，提高财务管理效率和精度，发现数据背后的规律和价值，为可持续发展提供有力支持，为企业的决策提供数据支持。

十、虚拟和增强现实

虚拟现实通过计算机生成仿真环境，用户可以通过佩戴 VR 头盔或使用其他设备完全沉浸在虚拟世界中。在虚拟现实中，用户无法感知现实世界的存在，只能与虚拟环境进行互动。增强现实是一种将虚拟内容叠加到现实世界中的技术。用户可以通过手机、平板电脑或 AR 眼镜等设备观察到现实世界的同时，还能看到叠加在现实环境中的虚拟元素。增强现实技术可以为用户提供更丰富的信息和交互体验，其广泛应用于游戏、教育、医疗、设计和商业等领域。虚拟现实（Virtual Reality，VR）和增强现实（Augmented Reality，AR）技术在智能财务转型中发挥重要作用体现在以下方面：

（一）提供沉浸式培训和模拟体验

虚拟现实和增强现实可以改善财务培训和教育的效果。虚拟现实技术可以提供身临其境的培训环境，财务专业人士可以参与虚拟的财务培训和模拟案例，让财务人员通过模拟真实场景进行实践演练，通过虚拟环境中的模拟交易和财务决策等活动，财务人员可以提前获得实践经验，减少错误和风险。例如，财务人员可以在虚拟现实环境中模拟财务决策的场景，通过实际操作和模拟交互来提升决策能力和风险管理能力。这种实践性的培训和教育方式可以帮助财务人员更好地应对实际工作中的挑战和问题。

（二）优化财务数据可视化

增强现实技术可以将财务数据可视化叠加到真实场景中，虚拟现实和增强现实可以提供更直观、沉浸式的财务数据可视化和分析，将财务数据以虚拟的方式呈现，使财务人员能够直观地理解和分析数据。增强现实技术通过AR眼镜或手机应用程序，财务人员可以通过扫描财务报表或其他数据源，实时获取数据的可视化呈现，快速识别问题和趋势。例如，财务人员可以通过虚拟现实头盔进入虚拟的财务数据世界观察和分析数据的变化趋势，以及不同财务指标之间的关系。直观的数据呈现方式可以帮助财务人员更好地理解和利用财务数据，从而提高决策的准确性和效率。

（三）提高决策效率和准确性

虚拟现实和增强现实技术可以为财务人员提供更直观和全面的信息，帮助财务人员做出更准确和及时的决策。通过将虚拟和增强内容叠加到现实场景中，财务人员可以获得更多的数据和背景信息，支持决策的全面性和准确性。

（四）改进财务审计和风险管理

虚拟现实和增强现实技术可以提供更直观和交互性强的数据展示方式，帮助审计师和风险管理专员更好地识别问题和风险。例如，通过AR技术，审计师可以通过扫描财务报表，将潜在的问题或风险点可视化到现实场景中，更加直观地进行审计和风险评估。

（五）提升客户体验和服务质量

虚拟现实和增强现实技术可以提供个性化和沉浸式的客户体验，帮助财务机构更好地与客户互动。例如，通过虚拟现实技术，客户可以在虚拟环境中进行财务规划和投资决策等活动，从而更好地理解和参与财务决策过程。

（六）改善财务报告和沟通的效果

通过使用VR和AR技术，财务专业人士可以将财务报告以虚拟的方式呈现，以更生动和直观的方式向利益相关方传达财务信息。例如，可以使用AR技术在实际场景中叠加财务数据和图表，使利益相关方能够更清晰地理解和分析财务信息，这种沟通方式可以提高利益相关方对财务报告的理解和参与度，进而促进更有效的决策和合作。

虚拟现实和增强现实技术可以为智能财务转型提供支持和增值，通过提供沉浸式培训和模拟体验、优化财务数据可视化、提高决策效率和准确性、改进财务审计和风险管理以及提升客户体验和服务质量等方面的应用。虚拟和增强现实技术可以提供更直观和沉浸式的财务数据可视化和分析体验，提高培训和教育效果，改善财务报告和沟通效果，财务人员可以更直观、沉浸式地理解和应用财务数据，从而推动财务转型的进程。

综上所述，以上信息技术的应用可以帮助财务部门实现数字化转型，提高工作效率、降低成本，并提供更准确和及时的财务信息和决策支持。然而，实施这些技术必须考虑数据安全和隐私保护等问题，还要确保与现有系统的兼容性和无缝集成。

第二节　数字经济时代智能财务转型的逻辑框架

本节内容立足于以大数据、人工智能为核心的新一代信息技术，明确研究大数据和智能财务背景下企业数字化转型的理论意义和实践意义，全面深刻地界定数据中台和智能财务的内涵。

一、智能财务转型背景

（一）技术进步和数字化趋势

随着信息技术的快速发展，人工智能和大数据分析等新兴技术在各个领域都得到了广泛应用。企业逐渐意识到利用这些技术来提升财务管理效率和决策支持的重要性。

（二）数据爆炸和复杂性增加

随着企业规模的扩大和全球化程度的提高，财务数据的量和复杂性也呈现爆炸式增长。传统的手工处理方式已经无法满足企业对财务数据处理的要求，因此需要更高效、准确的处理方式来应对数据的挑战。

（三）提升财务部门的价值和角色

过去，财务部门主要扮演着核算和报表的角色，缺乏对企业战略决策的直接支持。智能财务转型可以使财务部门从传统的会计工作中解放出来，将更多精力投入到财务分析、预测和战略规划等高附加值的工作上，从而提升财务部门的价值和角色。

（四）竞争压力和效益追求

企业在竞争激烈的市场环境中需要不断提升运营效率和管理水平，以降低成本、提高利润。智能财务转型可以帮助企业实现财务流程的自动化和优化，从而提高财务管理的效率和精度，降低运营成本，增强企业的竞争力。

综上所述，智能财务转型的背景是技术进步和数字化趋势的推动，以及企业对提升财务管理效率和决策支持的需求。如何重塑智能财务信息化架构以适应日益复杂多变环境下企业的及时、准确、全面的决策分析乃至赋能业务运营，成为摆在企业面前的一道难题。

二、智能财务转型意义

（一）理论意义

1. 信息经济理论支持

智能财务转型以信息为核心，将智能技术应用于财务管理和决策中。这与信息经济理论的观点相契合，即信息的获取、处理和利用对于企业的决策和竞争力至关重要。智能财务转型通过提供实时数据分析和决策支持工具使财务部门能够更好地利用信息来促进企业的发展和竞争优势。

2. 数字化转型理论支持

智能财务转型是数字化转型的重要组成部分，并与数字化转型理论相互支持。数字化转型理论认为，通过利用数字技术和数据驱动的决策，企业可以提高效率、创造价值和增强竞争力。智能财务转型利用智能化工具和技术来提供更高效、准确和及时的财务数据分析和决策支持，推动企业向数字化业务模式转型。

3. 管理创新理论支持

智能财务转型也得到了管理创新理论的支持。管理创新理论认为，通过引入新的管理方法和技术，可以提高企业的管理效能和创新能力。智能财务转型通过应用先进的智能技术和工具改变了传统财务管理的方式，提高了财务部门的工作效率和质量，并为企业创新提供了更好的支持。

4. 数据驱动决策理论支持

智能财务转型强调数据的重要性和数据驱动的决策。数据驱动决策理论认为，通过收集、分析和利用数据，可以更好地理解和解决问题，从而做出更明智的决策。智能财务转型通过提供实时数据分析和决策支持工具，使财务部门能够更好地利用数据来支持决策过程，提高决策的准确性和效果。

（二）实践意义

智能财务转型意义在于提升财务部门的效率和准确性，以及为企业提供更好的决策支持。智能财务转型可以提高财务部门的效率和准确性，提供更好的决策支持，推动企业数字化转型，从而为企业带来更大的竞争优势和长期发展潜力。智能财务转型的意义具体体现在以下方面：

1. 提高财务部门的效率

智能财务技术可以自动化和优化财务流程，以及减少人工操作和重复性工作，从而提高财务部门的工作效率。例如，智能财务系统可以自动化数据录入、账务处理和报表生成等工作，减少错误和时间成本。

2. 提升财务数据的准确性

智能财务技术可以通过自动化数据采集和处理来减少人为因素对财务数据的影响，提高数据的准确性和可靠性。这有助于提高财务报告的准确性，降低财务风险。

3. 加强财务分析和预测能力

智能财务技术可以通过数据挖掘和分析为提供更准确和全面的财务分析和预测。这有助于企业更好地理解财务状况、发现潜在的风险和机会，并做出更明智的决策。

4. 改善财务决策支持

智能财务技术可以提供实时和准确的财务数据和分析结果，为企业决策提供更好的支持。通过智能财务系统，管理层可以更及时地了解企业的财务状况，从而做出更明智的战略和运营决策。

5. 推动数字化转型

智能财务转型是企业数字化转型的重要组成部分。通过引入智能财务技术，企业可以实现财务数据的数字化、自动化和智能化处理，推动整个企业的数字化转型进程。

6. 助力新旧动能转换

构建"数据中台＋数据场景化"双轮驱动下企业数字化转型升级的整体理论框架，通过挖掘数据价值赋能管理会计的创新发展，为企业提供多方面、多层次的管理分析和经营决策支持，以财务转型推动企业数字化转型升级和新旧动能转换。

三、智能财务转型设计思路

（一）数据整合与分析

利用人工智能和大数据技术对公司内部和外部的财务数据进行整合和分析，从而实现数据的自动采集、清洗和分析，提高财务数据的准确性和及时性。同时，通过数据分析可以发现财务风险和机会，为决策提供可靠的依据。

（二）智能预测与规划

基于历史数据和市场趋势，利用机器学习算法进行财务预测和规划。通过智能预测可以预测公司未来的财务状况和业绩表现，为公司提供更为合理的财务目标和规划方案。

（三）自动化流程与审批

通过智能技术，可以实现公司财务流程的自动化和审批的自动化。例如，利用机器学习算法对财务报表进行自动审核，减少人工审核的时间和成本；同时，通过智能合约技术，实现财务交易的自动化和可追溯性。

（四）智能风险管理

利用人工智能和大数据技术对财务风险进行实时监控和预警。通过对财务数据的实时分析，可以及时发现潜在的风险，并采取相应的措施进行风险管理和控制。

（五）税务智能化

通过采用智能化的税务管理系统，实现税务申报的自动化、智能化和在线交互，提高税务申报的效率和精度，降低企业的税务风险。

（六）智能报表与决策支持

通过智能技术，实现财务报表的自动生成和定制化，提高报表的准确性和可靠性；同时，通过数据分析和可视化技术，可将财务数据转化为可理解和可视化的信息，从而为决策提供支持。

（七）数据安全保障

通过加强数据安全管理，保障财务数据的安全和保密，防止数据泄露和滥用，提高企业的信息安全保障能力。

总的来说，智能财务转型设计思路是以人工智能和大数据技术为核心，通过数据整合与分析、智能预测与规划、自动化流程与审批、智能风险管理和智能报表与决策支持等方面的应用，实现财务工作的智能化、自动化和高效化，提高财务管理的水平和效益。

第五章 "场景化应用+组装式理念"的数智化业财融合能力平台构建

第一节 数智化业财融合能力平台构建的研究目的、背景、意义

一、数智化业财融合能力平台构建的研究目的

"组装式"理念充分融入企业管理思维是构建高韧性企业的核心思想，而组装式企业将是数字经济发展的必然阶段。本章旨在为转变数字化思维模式、优化数字化业务能力架构和赋能技术革新提供数字化转型策略，目标是打造企业核心业务竞争力，加速企业效益转化与价值创造。开展组装式企业数字化业务能力的理论探索，基于"低代码"、"数字原生"等信息技术，打造基于"场景化应用＋组装式理念"的企业数字化转型发展的新范式，探寻企业数字化转型升级之路，提升企业韧性、抗风险和跨界融合生态能力。

二、数智化业财融合能力平台构建的研究背景

（一）管理背景

随着信息技术的快速发展和应用，企业管理面临着越来越多的挑战和机遇，然而如何有效地获取、分析和利用这些数据便成为了企业管理的重要问题。传统的财务和会计管理已经不能满足企业对数据分析、决策支持和业务创新的需求。因此，研究构建数智化业财融合能力平台，可以提升企业管理的效率和质量，进而实现更好的业绩和竞争优势。

（二）产业背景

随着经济全球化和市场竞争的加剧，各行各业都面临着数字化转型的压力和机遇，因此，企业需要更加精细化和智能化的财务管理来应对日益复杂的市场环境，通过数据驱动的决策和创新来提高效率和竞争力。同时，数字化和数据化的趋势也在不断加强，企业需要将财务数据与业务数据进行融合，以实现更全面、准确和及时的数据分析和决策支持。因此，研究构建数智化业财融合能力平台，可以满足企业在数字化时代的财务管理需求。

（三）组织变革背景

数字化转型不仅仅是技术的变革，更是组织的变革。传统的组织结构和管理方式已经无法适应数字化时代的需求，企业需要进行组织变革，建立灵活高效的组织架构和流程，以适应快速变化的市场环境。随着企业经营环境的变化，企业需要进行组织变革来适应新的市场需求和竞争压力。财务管理作为企业核心管理职能之一，也需要进行变革和创新。构建数智化业财融合能力平台，可以帮助企业实现财务管理的数字化和智能化，从而提升财务管理的效率和价值，推动组织变革的成功实施。

（四）技术背景

随着人工智能、大数据、云计算等技术的快速发展，企业可以更加方便地获取和分析海量数据，还利用这些技术来构建数智化业财融合能力平台。同时，新技术也提供了更多的工具和方法来优化业务流程、提高效率和降低成本。人工智能可以实现财务数据的自动化处理和分析，大数据可以提供更全面和准确的数据支持，云计算可以提供强大的计算和存储能力，从而更好地理解和把握市场需求和竞争态势。因此，研究构建数智化业财融合能力平台，可以充分利用现有的技术优势，提升财务管理的效能和效果。

三、数智化业财融合能力平台构建的研究意义

（一）利用新一代技术支持数字化业务创新，推动企业增长

"组装式理念"的企业数字化业务能力平台通过利用新一代技术支持数字化业务创新，构建组装式理念的企业数字化业务能力平台，可以实质性地推动企业业务实现指数性增长。

数智化业财融合能力平台利用新一代技术支持数字化业务创新，从而推动企业增长。平台整合了财务和会计领域的专业知识和技术，通过深入挖掘新技术在业务和组织内的应用场景，帮助企业实现数字化转型和业务创新。通过数智化业财融合能力平台，企业可以实现财务数据的自动化收集、处理和分析，可以提高财务决策的准确性和效率。平台还可以提供实时的财务报告和分析，帮助企业管理者更好地了解企业的财务状况和业务运营情况，从而做出更明智的决策。此外，数智化业财融合能力平台还可以与其他业务系统进行集成，实现数据的共享和交互，提高企业内部各个部门之间的协作效率。通过平台的数据分析和预测功能，企业可以更好地了解市场趋势和客户需求，从而及时调整业务策略，提高市场竞争力。

（二）帮助企业快速应对新旧架构治理

1. 创造新的竞争优势来源，实现高效的规模化经济

数智化业财融合能力平台可以帮助企业快速整合和分析来自不同系统和部门的数据，可以将财务数据与业务数据进行关联和分析，帮助企业全面了解业务运营情况和财务状况，从而更好地进行决策和治理。数智化业财融合能力平台既能创造新的竞争优势来源，又能实现高效的规模化经济来提升资源利用率。

2. 响应业务的瞬息万变

数智化业财融合能力平台提供了强大的数据分析和可视化功能，可帮助

企业快速发现数据中的关联和趋势。通过对数据的深入分析,企业可以及时发现问题和机会,并及时采取相应的措施进行调整和优化。数智化业财融合能力平台既能响应业务的瞬息万变,又不会失去业务的连续性和完整性。

3. 建立全面的风险管理体系

数智化业财融合能力平台还可以帮助企业建立全面的风险管理体系。通过对财务和业务数据的监控和分析,企业可以及时发现潜在的风险和问题,并采取相应的措施进行预防和控制。

（三）组装式应用提升财务数字化转型的敏捷性

财务将走向"敏捷服务前台＋共享运营中台＋决策创新后台"的前中后台模式,通过组装式应用,财务部门可以提升数字化转型的敏捷性,根据业务发展的需要组装所需的业务能力,可以更加便捷、可视化地调整系统业务流程和参数,实现灵活部署。

1. 快速开发和部署

组装式应用使用模块化的方法,可以快速组合和配置各种功能模块,从而加快应用程序的开发和部署速度。这使得企业能够更快地响应市场需求和变化。

2. 灵活性和可定制性

组装式应用可以根据企业的具体需求进行定制和配置。企业可以根据自身的业务流程和需求,选择和组合适合的功能模块,从而实现个性化的财务数字化转型。

3. 敏捷的迭代和更新

组装式应用的模块化结构使企业能够更容易地进行迭代更新。当业务需求发生变化时,企业可以通过添加、删除或替换模块来快速调整应用程序,从而保持与市场的同步。

4. 高效的集成和互操作性

组装式应用可以与现有的财务系统和其他业务系统进行高效的集成,以实现数据的共享和流动。这有助于提高财务数字化转型的效率和准确性。

（四）完成"数治企业"升级，实现企业韧性成长

未来的企业将逐步演变成数字企业，数据将成为核心资产和生产要素。数智化业财融合能力平台可以帮助企业实现从"数字企业"到"数智企业"的升级，将数字智能应用于企业的治理，以实现企业的韧性成长。

数智化业财融合能力平台是一种将数据智能化和财务管理融合的工具，可以帮助企业实现数字化转型和提升韧性。"数治企业"升级意味着企业通过数智化业财融合能力平台的应用，实现了更高水平的数字化管理和决策能力，帮助企业更好地应对市场变化和风险，提高企业的韧性和竞争力。通过数智化业财融合能力平台，企业可以实现以下方面的提升：

1. 数据驱动的决策

通过平台提供的数据分析和智能化工具，企业可以更准确地了解市场需求、客户行为和竞争对手情况，从而做出更明智的决策。

2. 财务管理的优化

平台可以帮助企业实现财务数据的集中管理和实时监控，提高财务管理的效率和准确性。同时，通过数据分析和预测模型，企业可以更好地进行财务规划和风险管理。

3. 业务流程的优化

平台可以帮助企业优化业务流程，提高工作效率和客户满意度。通过自动化和智能化技术，企业可以实现业务流程的数字化和自动化，减少人工错误和时间成本。

总的来说，数智化业财融合能力平台的构建可以有效推动企业进行数字化业务的创新，帮助企业快速应对新旧架构治理，提升财务数字化转型的敏捷性，并最终实现企业的韧性成长。

第二节　数智化业财融合能力平台的相关概念与设计理念

一、数智化业财融合能力平台的相关概念

（一）组装式理念

1. 概念

组装式理念是在软件开发和系统设计中广泛使用的概念。组装式理念强调将系统或应用程序构建为由多个独立组件组成的模块化结构，这些组件可以根据需要自由组合在一起，以创建定制化的解决方案。

在组装式理念中，系统的各个组件具有清晰的功能和界限，可以独立开发、测试和部署。这些组件可以通过标准化的接口进行交互，以实现数据和功能的共享。通过组件化的方法，可以快速构建和修改系统来满足不断变化的需求。

2. 组装式理念的点

（1）模块化

系统被分解为多个独立的模块或组件，且每个模块都专注于特定的功能或任务。

（2）接口标准化

模块之间通过定义清晰的接口来进行通信和交互，以确保数据和功能的正确传递。

（3）可重用性

组件可以在不同的系统或应用程序中进行重复使用，以提高开发效率和代码质量。

（4）灵活性

组件可以根据需要进行组合和重新配置，以满足不同的需求和业务场景。

（5）敏捷性

组装式理念支持快速开发和部署，可以快速响应需求变化并进行系统的迭代和改进。

（二）组装式理念的三要素

1.组装式思维

组装式思维是一种解决问题的方法，它强调将复杂的问题分解为更小的部分，然后逐步组装这些部分以达到整体解决方案的目的。这种思维方式类似于将一幅拼图逐块拼接起来，每块都是问题的一部分，最终形成完整的图像。组装式思维的优势在于它可以帮助人们较为好地理解和解决复杂的问题。通过将问题分解为更小的部分，人们可以更容易地处理和理解每个部分，从而更好地解决整体问题。此外，组装式思维还可以提高团队合作和协作能力，因为不同的人可以负责解决不同的部分，然后在将它们组装在一起。在财会领域，组装式思维可以应用于解决复杂的财务问题。例如，当面临复杂的财务报表分析问题时，可以将其分解为不同的财务指标、比率和趋势分析等部分，然后逐步组装这些部分以得出整体的分析结论。

2.组装式业务架构

组装式业务架构是将业务系统划分为多个可独立开发、部署和维护的模块的架构方式，通过将业务系统拆分为多个独立的组件，每个组件负责特定的业务功能，然后通过组合这些组件来构建完整的业务系统。

3.组装式技术

组装式技术是一种应用开发方法，可通过利用现有模块和组件构建定制化的应用程序。在财务数字化转型中采用组装式技术可以带来多方面的优点。

（1）灵活性与定制化

组装式技术允许财务团队根据特定需求和业务目标快速构建应用程序。通过选择、组合和定制现有模块，财务团队可以创建适应不同工作流程和需求的定制解决方案。

（2）快速响应市场变化

财务部门需要在不断变化的商业环境中迅速适应新的法规、市场趋势和客户需求。组装式技术使得快速调整、新增功能或修改现有功能变得更加容易，其有助于财务团队更迅速地响应市场变化。

（3）模块化架构

组装式技术通常采用模块化架构，使不同的模块可以相互连接和交互。这种模块化的特性有助于财务团队根据需要对系统进行扩展，并集成其他应用程序或服务，从而提高整体系统的灵活性。

（4）用户体验优化

财务人员通常需要使用多个系统和工具来完成各种任务。通过组装式技术，将不同功能整合到一个界面中，提升用户体验，降低培训成本，并提高工作效率。

（5）持续演进与创新

组装式技术允许财务团队不断改进和演进其应用程序，随着业务需求的变化进行持续创新。这种灵活性和持续改进的能力对于在竞争激烈的市场中保持竞争优势非常关键。

（三）企业数字化业务能力（EBC）的定义

企业数字化业务能力是指企业在在数字化转型过程中，运用信息技术和数字化工具，是实现业务流程的数字化、自动化和智能化的能力，也是为实现业务目标和提升综合竞争力而具备的一系列数字技术、数据管理、组织架构和文化等方面的能力。

二、数智化业财融合能力平台的能力设计

（一）链接和服务客户的能力

链接和服务客户的能力是指企业与客户之间建立紧密联系并共同参与价

值创造的能力。传统上，客户被视为"价值交易者"，即企业提供产品或服务，客户支付相应的费用。然而，随着市场竞争的加剧和消费者需求的变化，企业需要更加关注客户体验和满意度，将客户从被动的交易对象转变为主动参与价值创造的"价值共创者"。通过建立客户体验系统，企业可以全流程地参与客户的需求识别、产品设计、生产制造和销售服务等环节，与客户进行密切的互动和合作。这种互动和合作可以通过多种方式实现，例如客户参与产品设计的调研、客户提供反馈和建议的渠道、客户参与产品测试和改进的机会等。通过链接和服务客户的能力，企业可以更好地理解客户的需求和期望，从而提供更加个性化和符合客户期望的产品和服务。同时，客户通过参与价值创造过程可以获得更好的体验和满意度，增强对企业的忠诚度和口碑推荐。

（二）链接和赋能伙伴的能力

链接和赋能伙伴的能力是指企业在战略上转型为生态企业，通过建立合作伙伴关系并赋予其能力，将企业的价值链升级为价值生态网络。在传统的价值链模式中，企业通常是独立运作的，各个环节之间的关系相对独立。而在价值生态网络中，企业通过与合作伙伴建立紧密的链接，共同合作，共享资源和能力，形成一个更加复杂和互动的网络。通过与合作伙伴的链接，企业可以获得更多的资源和能力，从而提高自身的竞争力。同时，赋能伙伴也是价值生态网络的重要组成部分，通过共享企业的资源和能力，帮助伙伴提升自身的竞争力，实现共赢。通过转型为生态企业，企业可以更好地适应市场变化和需求，提供更全面的解决方案和服务。同时，通过建立价值生态网络，企业可以实现更高效的资源配置和协同创新，提高整体的价值创造能力。总之，链接和赋能伙伴的能力是企业在战略上转型为生态企业的重要手段，通过与合作伙伴建立紧密的链接，共同合作、共享资源和能力，实现从价值链升级到价值生态网络，进而创造更大的价值。

（三）链接和管理万物的能力

1.链接力是未来企业的核心能力之一

随着物联网的发展，可以通过物联网系统将人与人、人与物、物与物连接起来，实现互联互通。这种互联互通的能力可以带来许多好处，例如提高生产效率、优化资源利用、提供个性化服务等。企业可以利用链接力来构建更高效的供应链、提供更智能的产品和服务，并与客户、合作伙伴和供应商建立更紧密的关系。通过链接力，企业可以更好地理解和满足客户需求，提高自身的竞争力并创造更大的价值。因此，链接力的发展将成为企业在未来成功的关键因素之一。

2.链接力还可以帮助企业更好地理解和满足客户的需求

通过物联网系统收集和分析大量的数据，企业可以更深入地了解客户的行为和偏好，从而提供更加个性化和优质的产品和服务。

3.链接力可以促进企业与供应商和合作伙伴之间的协作和合作

通过物联网系统的互联互通，企业可以与供应商和合作伙伴实时共享信息和数据，提高供应链的透明度和响应速度，降低成本和风险。

总之，链接和管理万物的能力将成为未来企业的关键竞争力。企业需要加强对物联网技术的应用和创新，建立起全面、高效的物联网系统，实现人人、人物、物物的互联互通，从而提高生产力、满足客户需求和优化供应链，以取得持续的竞争优势。

（四）链接和赋能员工的能力

链接和赋能员工的能力在科层制组织转型为平台型企业的演变过程中变得至关重要。这种演变通常意味着企业从传统的层级结构过渡到更加灵活、敏捷的组装式组织，而个体在整个组织中扮演着更为重要和自主的角色。

链接和赋能员工的能力是指通过各种方式将员工与组织内外的资源、信息和机会进行有效连接，并提供必要的培训和支持，以提升员工的能力和潜力。

在科层制组织转型为平台型企业的过程中，企业需要将传统的垂直层级结构转变为水平网络结构，打破部门之间的壁垒，实现信息和资源的共享和流动。

（五）数据驱动业务的能力

数据驱动业务的能力利用数据分析和智能化技术，将数据作为核心资产，通过数据分析平台实现个性化的场景化价值链，以此来提升业务的效率和价值。

数据驱动业务的能力利用数据作为核心资产，并通过智能化的数据分析平台来分析和利用这些数据，从而为客户创造个性化的场景价值链。数据驱动业务的能力可以帮助企业更好地了解客户需求和行为，优化产品和服务，提高客户满意度和忠诚度。

第三节　基于"场景化+组装式理念"的数智化业财融合能力平台构建

一、数智化业财融合能力平台架构设计

数字化业务能力平台由场景化业务平台和业务能力技术平台构成。场景化业务平台由客户体验系统、大数据信息系统、物联网系统、供应链生态系统和大数据分析系统五大业务场景系统组成，分别对应大型企业 SaaS 解决方案、中型企业 SaaS 解决方案和小微企业 SaaS 解决方案。业务能力技术平台由信息技术能力系统、数字应用能力系统、项目分析能力系统、数据智能能力系统以及集成开放能力系统五大能力系统组成。

二、场景化业务平台构建

场景化业务平台是一种基于互联网技术的平台，旨在为企业提供一站式的解决方案，帮助企业快速搭建和运营各种业务场景。通过场景化业务平台，

企业可以快速搭建自己的在线商城、客户服务系统以及订单管理系统等，实现线上线下一体化的业务运营。平台提供丰富的功能和工具，以帮助企业进行产品展示、交易管理、客户沟通和数据分析等，从而提升企业的运营效率和用户体验。场景化业务平台的优势在于其灵活性和可扩展性。企业可以根据自身需求选择适合的功能模块，并根据业务发展的需要进行定制和扩展。同时，平台又提供了丰富的数据分析和报表功能，帮助企业进行业务数据的监控和分析，为决策提供支持。

场景化业务平台包含客户体验系统、大数据信息系统、物联网系统、供应链生态系统和大数据分析系统五大系统。

（一）客户体验系统：以客户为中心的思维及运营模式

客户体验系统是以客户为中心的思维和运营模式，旨在提供优质的客户体验，满足客户需求的一致、个性化和无缝的体验，关注客户在整个购买和使用过程中的感受、情感和期望，并通过整合各个渠道和业务功能，为用户提供一致的客户体验，从而增强客户的满意度和忠诚度。客户体验系统将客户置于企业运营的核心位置，通过深入了解客户需求、提供个性化的产品和服务、建立良好的沟通和互动渠道等方式，不断改善客户的整体体验。在客户体验系统中，需要从客户的角度出发，全面考虑客户的需求和期望。这意味着企业需要进行市场调研，充分了解客户的喜好、习惯和行为，以便为客户提供更加个性化的产品和服务。同时，企业还需要建立良好的沟通和互动渠道，与客户保持密切的联系，及时回应客户的反馈和问题。客户体验系统还需要关注客户的全程体验，从客户接触企业开始，到购买和使用产品或服务的整个过程，甚至包括售后服务。企业需要确保每个环节都能为用户提供良好的体验，避免出现瑕疵和不便之处。

1.构建客户体验系统的关键要素和特点

（1）客户为中心的思维

客户体验系统将客户置于核心位置，以客户的需求、期望和反馈为指导。

企业不仅要了解客户的购买行为，还要深入了解客户的心理、行为和情感，从而为客户提供更好的体验。

（2）一致性和个性化

客户体验系统追求一致性和个性化的平衡。一致性意味着无论客户通过哪个渠道进行接触和交互都能获得相似、连贯的体验。个性化则是根据客户的特定需求和偏好，为其提供定制化的产品、服务和沟通方式。

（3）多渠道整合

客户体验系统通过整合多个渠道（如线上、线下、移动等），实现无缝的客户体验。客户可以自由选择使用不同的渠道进行交互，无论是线上购买、线下体验还是通过移动应用进行互动，都应该得到一致和高质量的服务。

（4）数据驱动的洞察和决策

客户体验系统依赖数据驱动的洞察和决策。企业通过收集和分析客户行为和反馈数据来了解客户需求和偏好，并根据这些洞察做出相应的调整和决策，以提供更好的客户体验。

（5）持续改进和创新

客户体验系统需要不断演进和创新。企业需要持续关注客户的变化需求和市场趋势，并不断创新和改进产品、服务和体验，以保持竞争力。

客户体验系统的关键目标是建立长期的客户关系，提高客户的忠诚度和满意度，并通过积极的口碑推动业务增长。持续改进和创新要求企业在组织、流程和技术等方面进行全面的转型，始终将客户体验放在企业战略和运营的核心位置。

2.构建客户体验系统的意义

（1）提高客户满意度和忠诚度

通过提供个性化的产品和服务来满足客户的需求，增强客户对企业的信任和忠诚度。

（2）增加客户口碑和推荐

良好的客户体验会促使客户口碑传播，吸引更多潜在客户，并增加客户的推荐率。

（3）提升企业竞争力

客户体验是企业的重要竞争优势之一，通过不断改善客户体验，可以使企业在市场中脱颖而出。

（4）降低客户流失率

通过关注客户的需求和反馈，及时解决问题，减少客户的流失，提高客户的留存率。客户体验系统是以客户为中心的思维和运营模式，通过深入了解客户需求、提供个性化的产品和服务、建立良好的沟通和互动渠道等方式，提升客户的满意度和忠诚度，从而增强企业的竞争力和可持续发展能力。

（二）供应链生态系统：API（应用程序编程接口）赋能价值生态系统

供应链生态系统是由各个参与方（如供应商、制造商、分销商、零售商等）组成的复杂网络，通过协同合作和信息共享来实现产品或服务的生产、流通和销售。API（应用程序编程接口）赋能生态系统在供应链生态系统中发挥着重要的作用。API是一种允许不同软件系统之间相互通信和交互的技术接口。在供应链生态系统中，API可以连接不同的参与方和系统，实现数据的共享和交换，从而提高整个供应链的效率和可靠性。

1.构建供应链生态系统的关键要素

（1）合作伙伴关系

供应链生态系统需要包括供应商、制造商、分销商、零售商等各个环节的稳固的合作伙伴关系。合作伙伴之间需要建立互信、共享信息和资源的机制，以实现供应链的高效运作。

（2）信息共享

供应链生态系统需要建立实时的供应链数据、需求预测和库存信息等信息共享的机制。通过共享信息，各个环节可以更好地协调和优化供应链的运作，从而提高效率和减少成本。

（3）技术支持

供应链生态系统需要物联网、大数据分析、人工智能等借助先进的技术支持，上述技术可以帮助企业实现供应链的数字化、智能化，提高供应链的可见性、灵活性和响应能力。

（4）可持续发展

供应链生态系统需要考虑环境保护、社会责任等可持续发展的因素。通过采用可持续的供应链管理实践，可以降低环境风险、提高企业形象，并满足消费者对可持续产品的需求。

2.供应链生态系统的特点

（1）多方参与

供应链生态系统是由供应商、制造商、分销商、零售商等多个参与方组成的，参与方之间需要紧密合作和协调，共同实现供应链的目标。

（2）高度互联互通

供应链生态系统中的各个参与方需要共享和传递大量的订单、库存、运输状态等信息，互联互通的特点使得供应链生态系统能够实现实时的信息共享和协同。

（3）动态变化

供应链生态系统中的市场需求、供应商、物流等因素都是动态变化的。供应链生态系统需要具备灵活性和适应性，才能够及时应对变化和调整。

（4）高效协同

供应链生态系统中的各个参与方需要高效协同，共同实现供应链的目标。

高效协同可以提高供应链的效率和竞争力。

3. 构建供应链生态系统的意义

（1）提高效率和降低成本

供应链生态系统的构建可以通过整合、优化和协调各个环节来提高整体效率，从而降低生产和运营成本。通过合理的资源分配和协同合作，企业可以更有效地利用物流、生产和采购等方面的资源，最终实现成本的优化。

（2）增强创新力

供应链生态系统有助于促进创新。通过与不同环节的合作伙伴进行紧密的互动，企业可以更容易地获取新的想法、技术和市场洞察，这种跨界的合作可以激发创新，推动产品和服务的不断进化。

（3）提升客户满意度

供应链生态系统的优化可以加速产品上市时间，改善交货可靠性，提高服务水平，从而提升客户满意度。通过更迅速、灵活地响应市场需求，企业可以更好地满足客户的期望，建立良好的客户关系。

（三）大数据分析系统：从孤立的商业智能到无处不在的数据分析

大数据分析系统是指利用大数据技术和分析方法，对海量、多样化的数据进行处理和分析，以获取有价值的信息和洞察。从孤立的商业智能到无处不在的数据分析，都是指大数据分析系统的发展演进过程。随着大数据技术的发展，如 Hadoop、Spark 等，以及云计算和物联网的兴起，大数据分析系统开始向无处不在的方向发展。现如今，数据可以从各种来源获取，包括传感器、社交媒体、移动设备等，数据量也呈指数级增长。同时，实时性和即时性成为了数据分析的重要需求。

1. 构建大数据分析系统的关键要素

（1）数据采集和存储

确保能够高效地采集和存储选择合适的数据源、建立数据采集管道和设计数据存储架构等大量的数据。

（2）数据清洗和预处理

将采集到的数据进行去除重复数据、处理缺失值、处理异常值等清洗和预处理，以确保数据的质量和准确性。

（3）数据集成和整合

将来自不同数据源的数据进行整合（涉及到数据格式转换、数据标准化、数据集成等），以便进行综合分析。

（4）数据分析和挖掘

利用合适的数据分析和挖掘技术，对数据进行深入分析和挖掘，以发现数据中的模式、趋势和关联性。

（5）可视化和报告

将分析结果以可视化的方式展示出来，以便用户直观地理解和利用分析结果（包括数据可视化工具、报表生成工具等）。

2. 大数据分析系统的特点

（1）数据来源广泛

大数据分析系统能够从各种传感器、设备、应用程序和社交媒体等获取数据。

（2）数据处理高效

大数据分析系统能够利用大数据技术和分布式计算高效地处理海量数据。

（3）实时性

大数据分析系统能够实时地获取、处理和分析数据，以支持实时决策和反馈。

（4）可视化和交互性

大数据分析系统通过可视化工具和交互式界面，将数据分析结果以直观的方式展示给用户，方便用户理解和使用。

3. 构建大数据分析系统的意义

（1）支持智能决策

大数据分析系统可以利用机器学习和人工智能算法对数据进行预测和模型建立，帮助企业预测未来趋势、识别潜在风险和机会。企业可以基于数据驱动的智能决策，提高业务效率和竞争力。

（2）优化业务流程

通过大数据分析系统，企业可以对业务流程进行全面的监控和分析，及时发现瓶颈和问题，并提供优化建议。通过优化业务流程，企业可以提高生产效率、降低成本、提升客户满意度。

（3）支持个性化营销

大数据分析系统可以对客户数据进行分析，了解客户的偏好和需求，从而实施个性化的营销策略。通过个性化营销，企业可以提高市场营销的效果，增加客户忠诚度和销售额。

（4）洞察商业机会

大数据分析系统可以帮助企业发现新的商业机会和创新点。通过对市场和竞争对手的数据进行分析，企业可以发现新的市场需求、产品改进点和新的业务模式，从而开拓新的市场和增加收入来源。

（四）物联网系统：链接和管理万物

物联网系统是通过互联网将各种物理设备、传感器、软件和网络连接起来的系统。物联网系统的目标是实现物与物之间的互联互通，以及对物体进行远程监控、管理和控制。

1. 构建物联网系统的关键要素

（1）数据分析和应用

物联网系统收集到的数据需要进行分析和应用。通过数据分析，可以提取有价值的信息和洞察，再将其用于优化系统运行、改进决策和提供智能化的服务。

（2）互操作性和标准化

物联网系统中的设备和平台需要具备互操作性，能够与其他设备和系统进行无缝连接和交互，以实现各种设备和系统的无缝连接和集成。此外，制定和遵循相关的标准和协议也是确保物联网系统正常运行的重要因素。

（3）应用和用户界面

物联网系统需要提供易于使用的应用和用户界面，以使用户能够直观地操作和管理系统。这包括设备配置、数据可视化和报告生成等功能。

（4）可扩展性和灵活性

物联网系统需要具备良好的可扩展性和灵活性，以适应不断增长的设备数量和数据规模，从而应对不断变化的业务需求。

（5）分析和决策支持

物联网系统需要对收集到的数据进行分析和处理，以提取有价值的信息和洞察。分析结果可以用于支持决策制定、优化业务流程、改进产品设计等。

2.物联网系统的特点

（1）互联性

物联网系统通过网络将各种设备连接在一起，以实现设备之间的通信和数据交换。互联性使得设备能够实时地共享数据和信息，从而实现更高效的协作和决策。

（2）可扩展性

物联网系统需要具备良好的可扩展性，以便能够适应不断增长的设备和数据量。系统应该能够方便地添加新的设备和传感器,并能够处理更多的数据。

（3）数据分析

物联网系统可生成大量的数据，通过对数据分析来提取有价值的信息和洞察。因此，物联网系统需要具备数据分析的能力，以支持决策和优化。

3.构建物联网系统具有重要的意义

（1）实时监测和响应

物联网系统通过连接设备和传感器，来实时监测环境、设备状态和各种参数，使得用户能够及时获取有关实时情况的信息，并且系统可以迅速做出相应的决策和控制。

（2）改善用户体验

在物联网系统中，设备之间的互联和数据的共享可以带来更智能、便利的用户体验。

（3）推动创新和业务发展

物联网系统为企业和创新提供了广阔的空间。通过连接设备和数据，企业可以开发新的产品和服务，同时也能够在现有业务模型中实现创新，促使产业的进步和发展。

（五）大数据信息系统：支持核心业务流程及数据的交换

大数据信息系统是能够支持核心业务流程和数据交换的系统，通过收集、存储、处理和分析大量的数据，可帮助企业进行决策和优化业务流程。

1.构建大数据信息系统的关键要素

（1）数据采集和获取

大数据信息系统的基础是数据，包括从各种来源收集和获取的数据。数据可以是结构化数据（如数据库中的表格数据）、半结构化数据（如 JSON 或 XML 文件）以及非结构化数据（如文本、图像、音频、视频等）。

（2）数据存储

大数据系统需要能够有效地存储海量数据。传统的关系型数据库系统可能无法满足需求，因此大数据系统通常采用分布式存储系统，如 HadoopDistributedFileSystem(HDFS)、AmazonS3 等。

（3）数据处理和分析

数据处理和分析对大数据进行实时或批量处理是至关重要的。数据处理引擎（如 ApacheSpark、ApacheFlink）和分析工具（如 Hive、Pig）可以帮助系统在大规模数据集上执行复杂的计算和分析任务。

（4）数据质量管理

大数据系统需要处理来自多个源头的数据，因此确保数据的质量和一致性是至关重要的，数据清洗、去重、校验等步骤是数据质量管理的一部分。

（5）元数据管理

管理和维护数据的元数据（如数据的来源、格式、结构等信息）对于大数据系统的运行和维护至关重要。

（6）用户界面和报告生成

为用户提供友好的界面和报告生成功能，使用户能够轻松地访问和理解系统中的数据。

2.构建大数据信息系统的意义

（1）业务流程优化

大数据信息系统可以通过收集和分析大量的数据，为企业提供深入的洞察和理解，从而优化核心业务流程。

（2）数据交换和整合

大数据信息系统可以与其他系统和数据源进行交互和数据整合，还可以连接多个数据源，实现数据的共享和交换，这有助于实现更高效的业务流程和更全面的数据分析。

（3）决策支持和预测分析

大数据信息系统可以通过分析历史和实时数据，为企业提供决策支持和预测分析，识别和预测趋势、模式和异常情况，可以帮助企业做出更明智的决策和规划，这对于业务战略制定和风险管理非常重要。

（4）数据安全和合规性

大数据信息系统需要确保数据的安全和合规性。它应该具备相应的安全措施，如身份验证、数据加密和访问控制，以保护敏感数据的机密性和完整性。此外，系统还需要遵守相关的法规和合规要求（如 GDPR、HIPAA 等）。

三、业务能力技术平台构建

企业数字化业务能力（EBC）技术平台由信息技术能力系统、数字应用能力系统、项目分析能力系统、数据智能能力系统、集成开放能力系统五大能力平台组成。

（一）信息技术能力系统

信息技术能力系统是指评估和管理个人或组织在信息技术领域的技能和能力的框架，其可以帮助确定个人或组织在不同领域的技术能力，从而支持培训和发展计划，并满足特定的业务需求。信息技术能力系统将企业复杂业务场景与现代化架构进行有机融合，构建数字化高效运维能力平台。

（二）数字应用能力系统

数字应用能力系统是用于评估和提升个体在数字化环境中的应用能力的系统。数字应用能力系统具有以下功能：

1.数据处理和分析

（1）数据采集和清洗

数字应用能力系统可以从多个来源收集和整理数据，并确保数据的准确性和完整性。

（2）数据分析和挖掘

数字应用能力系统利用数据分析工具和技术，发现数据中的模式和趋势，为企业提供有价值的洞察。

2.数字化营销

（1）数字媒体推广

数字应用能力系统利用数字渠道和社交媒体推广产品和服务，吸引目标用户。

（2）数据驱动的营销

数字应用能力系统利用数据分析和个性化推荐算法，以实现精准的营销和定制化的用户体验。

3.数据驱动决策

（1）数据可视化和报告

数字应用能力系统可将复杂的数据转化为更直观和易于理解的可视化图表和报告，帮助用户做出数据驱动的决策。

（2）实时数据分析

数字应用能力系统利用实时数据分析技术，迅速获取和处理数据，帮助用户及时做出决策。

以上是数字应用能力系统的一些关键功能。通过数字应用能力系统，组织可以提高数字化应用的开发和集成能力，提升用户体验和数据驱动的决策能力，最终实现企业的数字化转型和创新。

（三）项目智能分析系统

项目智能分析系统是具有先进分析和智能决策功能的系统，旨在支持项目管理和决策制定。

1. 项目智能分析系统的功能

（1）项目数据整合

系统能够集成和整合来自各种项目管理工具、数据源和系统的信息（包括项目进展、资源利用率、成本数据等），其有助于实现全面的项目数据视图。

（2）实时监控和报告

系统提供实时监控功能，可以追踪项目的进度、里程碑完成情况、资源使用情况等。系统能够生成定制化的报告，帮助管理层和团队充分了解项目状态。

（3）资源优化和规划

系统具备资源管理和优化功能，可支持项目经理进行人力资源、设备和资金等方面合理的资源规划，通过实时监控资源利用率，系统可以提供优化建议。

（4）协作和沟通

协作和沟通提供协作工具，促进团队成员之间的有效沟通和协作，包括实时聊天、文档共享和协作平台的集成，提高团队协同效率。

（5）安全性和合规性

系统具备强大的安全性和合规性管理功能，可以确保项目数据的保密性和完整性，同时符合相关法规和标准。

（6）自动化任务和流程

系统支持自动化项目管理任务和流程（包括自动更新进度、提醒截止日期和自动分配任务等），其有助于减少手动操作，提高效率。

（7）持续改进和学习

系统支持持续改进和学习，通过分析项目执行的历史数据，可以提供反馈和建议，进而帮助团队不断优化项目管理过程。

2.项目智能分析系统架构

项目智能分析系统架构是指一个用于实现智能分析和决策的系统的结构和组成部分。系统整合了多个技术和模块，以从大量数据中提取有价值的信息，并支持用户在业务决策中作出明智的选择。

（四）数据智能能力系统

数据智能能力系统是一个综合性的系统，旨在利用先进的数据分析和智能算法来处理、分析和提供有价值的见解。

1.数据智能能力系统的功能

（1）高级分析和挖掘

高级分析和挖掘系统具备高级的数据分析和挖掘功能，能够通过统计分析、机器学习和深度学习等技术，发现数据中的模式、趋势和关联性，有助于从海量数据中提取有用的信息和洞察。

（2）实时处理和分析

数据智能系统支持实时数据处理和分析，使组织能够迅速响应变化的情况，对于需要快速决策的场景（如实时监控、市场趋势分析等）非常重要。

（3）预测和优化

基于历史数据和趋势分析，数据智能系统能够进行预测，帮助组织提前制定策略。此外，系统还可以提供优化建议，帮助提高业务流程和决策效率。

（4）可视化和报告

数据智能系统提供强大的可视化工具，使用户能够以直观的方式理解数据。同时，系统能够生成定制化的报告，帮助用户和决策者更好地理解数据背后的故事。

（5）协作和共享

数据智能系统提供协作工具，可以促进团队成员之间的有效合作和信息共享，也有助于更好地利用团队的集体智慧。

2. 数据智能能力系统架构

数据智能能力系统架构是指系统中用于实现数据智能能力的各个组件和模块的结构和关系。数据智能能力系统用于实现数据分析和智能决策的系统的结构和组成部分，系统通常整合了多个技术和模块，以从大量数据中提取有价值的信息，同时可支持用户在业务决策中作出明智的选择。数据智能能力系统架构图，如5-1所示。

图5-1 数据智能能力系统架构图

（五）混合集成开放能力系统

混合集成开放能力系统是具备混合集成和开放性能力的系统，其可以集成多个不同类型的应用程序、服务和数据源，并提供可对外开放的接口，以便其他系统和开发者能够与之交互。

1. 混合集成开放能力系统的功能

（1）应用程序集成

系统可以集成多个应用程序，无论是内部开发的还是第三方的，使它们都能够共享数据和功能，有助于实现不同应用程序之间的协同工作和信息共享。

（2）数据源集成

系统可以连接到数据库、文件系统和云存储等多个数据源，以实时或定期获取数据，有助于汇总和整合分散的数据，以支持更全面的分析和决策。

（3）服务集成

系统可以集成多个服务，包括 Web 服务、RESTfulAPI 等，以利用其功能和资源，有助于扩展系统的能力，并为用户提供更丰富的服务。

（4）流程集成

系统可以集成和管理多个业务流程，使其能够顺利地协同工作，有助于提高工作效率和业务流程的自动化。

（5）事件驱动集成

系统可以通过事件驱动机制来实现不同组件和系统之间的实时通信和协作，有助于及时响应变化和事件，以支持实时处理和决策。

（6）开放接口和 API

系统提供对外开放的接口和 API，以便其他系统和开发者能够与之交互，使得外部应用程序可以访问系统的功能和数据，并与其进行集成。

（7）社区和生态系统支持

系统提供社区和生态系统支持，有助于与其他开发者和用户进行交流和共享经验，从而促进系统的持续发展和改进。

2.混合集成开放能力系统架构

混合集成开放能力系统架构的目标是通过整合多种技术和能力，提供更全面、更灵活的解决方案。在混合集成开放能力系统架构中，人工智能、大数据分析、云计算、物联网等技术和能力可以通过开放的接口和标准进行集成，使得系统可以更好地适应不同的需求和场景。混合集成开放能力系统架构图，见图 5-2。

图 5-2　企业混合集成开放能力系统架构图

四、构建"组装式"数智化业财融合能力平台（EBC）的步骤

构建"组装式"数智化业财融合能力平台需要综合运用数据整合、分析和挖掘、业务和财务应用以及可扩展性和灵活性等技术和工具，以满足企业在数智化业务和财务融合方面的需求。

（一）建立新组织

建立新组织来推动数智化业财融合能力平台的构建，这就需要重新定义组织的使命和目标，并组建专门的团队来负责平台的开发和运营。

1.新使命：从 IT 驱动到数据驱动变革与增长

将组织的使命从以前的 IT 驱动变革转变为数据驱动变革与增长，明确组织在数智化业财融合能力方面的目标和愿景，使其与组织的整体战略相一致。

2. 新团队：从信息科学到数据科学

组建专门从事数据科学的团队。团队应该具备数据分析、数据挖掘和机器学习等领域的专业能力，能够驱动数智化业财融合能力平台的开发和应用。

3. 重新定义职责：从执行到赋能

重新定义团队成员的职责，将以前的执行型角色转变为赋能型角色。团队的成员应该作为业务部门的合作伙伴，帮助理解和应用数智化业财融合能力平台，优化业务流程和决策。

（二）确定优先级

构建"组装式"数智化业财融合能力平台，确定优先级是非常重要的。以下是确定优先级的步骤：

1. 业务需求分析

对组织的业务需求进行详细分析，充分了解各个业务部门的需求和优先级，确定哪些功能和能力对于业务的重要性和紧迫性。

2.ROI 分析

进行投资回报率（ROI）分析，评估不同功能和能力的预期效益和投资成本，确定哪些功能和能力能够为组织带来最大的价值和回报。

3. 利益相关者参与

确保利益相关者的参与和意见，与业务部门和其他利益相关者进行讨论和沟通，了解他们的优先级和关注点，以确保构建的平台能够满足他们的需求。

4. 制定优先级列表

根据业务需求、ROI 分析、风险评估和利益相关者的参与，制定一个优先级列表，将不同功能和能力按照优先级进行排序，确定先后顺序。

5. 阶段性实施

分阶段实施平台的不同功能和能力。根据优先级列表，将功能和能力划分为不同的阶段，逐步实施和推进，确保每个阶段都具有明确的目标和可衡量的成果。

（三）奠定新基础

奠定新基础是构建"组装式"数智化业财融合能力平台的重要步骤，其有助于平台的顺利开发和成功应用，最终实现组织的业务增长和转型。定义一体化低代码平台、组装式应用架构、现代化技术底座、智能的数据能力、开放的集成能力和高效的交付与运维能力的整体架构和关系，确保各个组成部分相互配合、无缝集成。

数智化业财融合能力平台数据基础架构图，如图 5-3 所示：

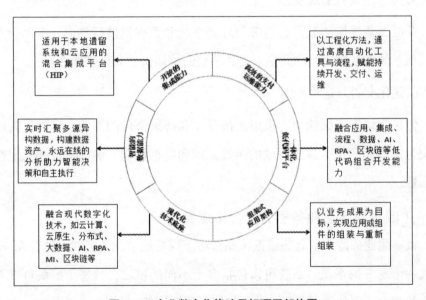

图 5-3 企业数字化战略目标顶层架构图

1.选择和集成低代码平台

选择合适的低代码平台作为基础工具。低代码平台具备快速开发、可视化建模、易扩展和可定制等特点，将低代码平台与现有系统和数据源进行集成，可以快速构建和部署应用。

2.建立组装式应用架构

组装式应用架构将应用分解为可重用的组件和模块，并建立组装式应用架构，允许快速搭建和组装应用，同时还能保持灵活性和可扩展性。

3.构建现代化技术底座

构建现代化的技术底座，并确保底座的稳定性、可扩展性和安全性，以支持平台的高效运作和数据分析。

4.开发智能的数据能力

利用人工智能和机器学习技术开发智能的数据能力（包括数据分析、预测和挖掘等功能），可以帮助业务部门更好地理解和利用数据，提高决策和业务流程的智能化水平。

5.实现开放的集成能力

开放的集成能力使平台能够与外部系统和数据源进行集成，有助于实现与其他系统的数据交换和共享，提高平台的整体价值和可扩展性。

6.优化交付与运维能力

优化交付和运维能力，采用敏捷开发和持续交付的方法，可以提高应用的交付速度和质量，建立有效的运维流程和监控机制，确保平台的稳定性和可靠性。

（四）数字化业务能力混合集成系统

数字化业务能力混合集成系统是指将不同的数字化业务能力整合在一起，形成一个统一的系统。系统可以包括多个不同的模块，且每个模块负责不同的业务能力，例如数据分析、人工智能、物联网等。

1.数字化业务能力混合集成系统逻辑架构

数字化业务能力混合集成系统逻辑架构通过数字化业务能力混合集成系统，企业可以将不同的业务能力整合在一起，实现更高效、更智能的业务运营；通过人工智能模块，企业可以实现自动化的决策和智能化的客户服务；通过物联网模块，企业可以实现设备的远程监控和管理。数字化业务能力混合集成系统的优势在于可以将不同的业务能力整合在一起，形成统一的系统，提高了业务的整体效率和智能化水平。同时，系统也可以根据企业的需求进行定制和扩展，以满足不同业务场景的需求。数字化业务能力混合集成系统逻辑架构图见图5-4。

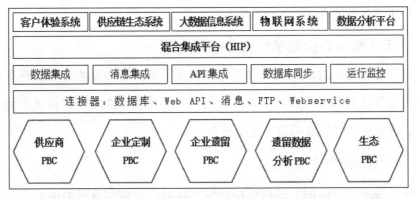

图5-4 数字化业务能力混合集成逻辑架构图

2.数字化业务能力混合集成系统

数字化业务能力混合集成系统是一种综合性的系统，旨在帮助企业实现数字化转型和业务流程的优化。数字化业务能力混合集成系统功能包括以下方面：

（1）数据整合和集成

数字化业务能力混合集成系统可以将企业内部和外部的各种数据源进行结构化数据、非结构化数据、实时数据等整合和集成。能够通过数据整合和集成，系统可以提供全面的数据视图，帮助企业更好地理解和分析数据。

（2）业务流程管理

业务流程管理系统可以对企业的各个业务流程进行管理和优化，可以自动化和标准化业务流程，还可以提高工作效率和准确性。同时，系统还可以监控和跟踪业务流程的执行情况，及时发现和解决问题。

（3）数据分析和决策支持

数据分析和决策系统可以对整合的数据进行分析和挖掘，可以提供有价值的洞察和见解，可以帮助企业做出更明智的决策，优化业务策略和运营模式。

（4）效能监控和优化

效能监控和优化系统可以监控企业的各项业务指标和关键绩效指标，帮助企业实时了解业务运行情况。同时，系统还可以提供优化建议和预测模型，帮助企业改进业务流程和提高效能。

（五）构建企业数字化业务能力地图

数字化业务能力地图是综合性的视觉化工具，帮助企业梳理和理解自身数字化业务能力的现状和未来发展方向。数字化业务能力地图提供全面业务场景，展示在不同领域的数字化业务能力。

1. 数据管理与分析能力

数据管理与分析能力包括数据收集、存储、处理和分析的能力，涵盖数据质量管理、数据治理、数据仓库和数据湖、数据分析和报表等方面。

2. 企业应用能力

企业应用能力包括各种企业应用系统的能力，例如 ERP（企业资源规划）、CRM（客户关系管理）、SCM（供应链管理）等。企业应用能力涵盖业务流程自动化、应用集成和协同工作等方面。

3. 数字化营销和客户关系能力

数字化营销和客户关系能力包括数字化营销策略和工具、客户关系管理系统、社交媒体营销等能力，涵盖了数据驱动的营销和个性化营销等方面。

4. 智能化技术能力

智能化技术能力还包括人工智能（AI）和机器学习（ML）技术的应用能力，涵盖自然语言处理、图像识别、推荐系统等方面。

5. 移动化能力

移动化能力包括移动应用开发、移动用户体验设计等能力，涵盖移动端的业务流程和功能支持等方面。

6. 安全与隐私保护能力

安全与隐私保护能力主要包括网络安全、数据隐私保护、身份认证和访问控制等能力，涵盖安全策略与规范制定、安全技术实施和安全事件响应等方面。

7. 物联网和智能设备能力

物联网和智能设备能力包括与物联网（IoT）技术和智能设备的集成能力，涵盖传感器数据的采集和分析、远程监控和控制等方面。

8. 数字化创新与业务模式能力

数字化创新与业务模式能力包括探索和实施数字化创新和新的业务模式的能力，涵盖了数字化产品和服务创新、生态伙伴关系建立等方面。

9. 数字化能力培养与组织文化能力

数字化能力培养与组织文化能力包括数字化能力的培养和组织文化的建设能力，涵盖培训与意识提升、组织变革和文化转型等方面。

第六章 数字经济时代智能财务人才培养实践

第一节 财会专业人才培养的改革创新

随着大数据、人工智能、云计算等技术的应用和发展，基于商业智能和新兴技术的智能财务兴起，给传统财会行业带来了巨大的冲击，将导致传统财会工作模式的彻底颠覆。人工智能技术的崛起是人类经济、社会发展面临的重大机遇，但也可能是最大的挑战。

科技改变教育，而教育也应顺应时代。新兴技术的广泛应用必将会对教育模式产生巨大影响。从现有研究来看，学者普遍都认为，在智能财务背景下，财会专业人才培养模式需进一步提升，传统的会计专业人员要向管理会计转型。数字素养已成为了当代大学生的基本要求，在财会专业人才培养中应加大融合数字素养教育。也有学者从市场需求角度出发分析了财务人员的转型需求，对中小型企业财会人才需求的调研结果显示，中小型企业对财会专业学生的专业实践能力、数据分析能力、创新思维能力都提出了新的要求。总之，智能财务时代对于学生的专业知识、实践操作能力提出了更高的要求，高校人才培养模式亟待改变。

目前，由于缺乏对企业人才需求的了解，致使高校的人才培养脱离了社会需求，学生毕业即失业的现象普遍存在。对此，不仅要促进人才培养供给侧目标向产业需求侧要求靠拢，而且还需要发挥企业在教学活动中的主体作用，加强校企合作，深化产教融合，逐步提了高企业在高等学校教育教学改革中的参与度。产教融合教学模式能够将校企双方的人力资源与物力资源有效结合，将人才需求与供给对接，帮助学生全面发展，有助于构建以需求为导向的人才培养模式，填补当下智能财务人才需求缺口。

一、智能财务的内涵与发展趋势

（一）智能财务的基本内涵

智能财务是一种新型的财务管理模式，其基本内涵可初步理解为"人工智能＋财务流程处理"，是人工智能技术与财会专业知识深度融合的产物。它基于先进的财务会计管理理论、工具和方法，同时也可以借助人工智能技术构建人机一体化的混合智能系统，借助智能财务技术完成财务分析、预测和决策，从而使业务流程标准化、高效化和智能化。

（二）我国智能财务的发展历程

我国智能财务的发展始于 20 世纪 80 年代，微型计算机的引入使得企业进入会计电算化时代。"互联网＋"的兴起和财务共享中心的建立标志着财务智能化时代的正式到来。智能财务根据在不同时间段的技术特点可以大致分为三个发展阶段：第一阶段是电算化阶段（1979 年—1997 年）。1979 年，长春第一汽车制造厂得到政府部门 500 万元的补助后，开始大规模设计并实施信息系统，成为了我国会计电算化发展过程中的一个里程碑。第二阶段是信息化阶段（1998 年—2015 年）。1999 年 4 月，在深圳召开的"会计信息化理论专家座谈会"上，与会专家首次提出了会计信息化的概念。随后，随着金蝶、用友等软件公司推出的 ERP 软件的广泛应用，我国开始全面进入网络财务时代。2005 年，中兴通信建立中国的第一家财务共享服务中心，标志着中国进入财务共享阶段。第三阶段是智能化阶段（2016 年至今）。随着大数据、人工智能、云计算等技术的不断发展，2016 年 3 月 10 日，德勤与基拉系统公司（kira systems）联合推出财务机器人，正式将人工智能引入企业财务工作中，智能财务开始迈入一个全新的时代。

（三）智能财务的发展趋势

智能财务是一种业务活动、财务会计活动和管理会计活动的全功能、全流程智能化的管理模式。目前，大数据、云计算等技术日趋成熟，已基本可以解决计算智能化问题，计算机视觉、语音识别、智能机器人等技术也正在解决感知智能的问题。智能财务未来需要重点突破认知智能技术问题，让机器能理解、会思考，通过人机协同，助力智能决策，推动财务工作的行业性变革。未来的财务机器人应能够进行规划、控制、预测和分析，给企业管理层提供更加精准、及时的决策分析依据。在智能财务蓬勃发展的背景下，财会人才需求正发生巨大改变，低端财会人才将会面临淘汰或转型，高校和企业都应做出积极应对。

二、智能财务人才的需求特点与培养现状

智能财务的出现打破了现有的金字塔结构，大量低端财务人员将被替代，高端财务人员才是未来财务发展的主要人力资源。

（一）人才需求特点

在智能化模式下，大规模的人工作业将被机器替代，尤其是能够被高度规则化的作业将由财务机器人来完成，规模价值将完美展现。很多行业有望实行人机协同办公模式，这意味着未来的工作在结构上会发生根本变化。2019年1月，中国总会计师协会与英国皇家特许管理会计师公会（CIMA）联合发布的《CGMA（全球特许管理会计师）管理会计能力框架2019》指出，管理会计应当同时具备商业技能、技术技能、人际技能和领导技能，必须具备信息和数字素养，能够解决数字难题，具有数据分析能力。目前，市场需要既懂业务又懂技术的复合型人才，即需要具备跨领域复合知识，还需要拥有财会专业、大数据、人工智能、计算机背景的交叉型、复合型人才。

（二）人才培养现状

在"大智移云"时代，智能财务系统已经在企业中普遍应用，财务人员

必须顺应时代潮流向更高层次的复合型人才转变。根据教育部阳光高考网统计数据显示，全国有 662 所本科院校开设了会计学专业，723 所本科院校开设了财务管理专业。此外，再加上专科院校，高校每年可向社会输送约 100 万财会人才。但是，仍有很多企业表示无法找到对口的"适岗人才"。这表明了人才培养与人才需求对接有偏差，目前的财会教育水平还不能完全满足智能化科技的要求。

目前，我国开设智能财务专业的高校及研究机构主要有上海国家会计学院、中国财政科学研究院、西南财经大学、浙江大学、南京理工大学、山东财经大学等。

三、产教融合人才培养的必要性与优势

近几年来，政府部门积极提倡产教融合，出台了多项相关政策。2016 年，中共中央印发的《关于深化人才发展体制机制改革的意见》要求建立产教融合、校企合作的技术技能人才培养模式，促进了企业和高等院校成为技术技能人才培养的"双主体"。2017 年，国务院办公厅印发的《关于深化产教融合的若干意见》明确提出并要求持续深化产教融合、推进校企合作，逐步提高行业、企业在高等学校教育教学改革中的参与度。

（一）智能财务时代产教融合的内涵

与以高校为主的传统办学模式不同，产教融合是由教育部倡导的一种新型的办学模式，十分强调高校与企业"双主体"协同培养。产教融合是指教育链与产业链的融合，其本质是教育与产业的一体化。

在智能财务时代，大数据、人工智能、移动互联网等技术的应用，可对产教融合人才培养模式进行全方位的提升；依托大数据技术、远程教育实验室、产教融合服务平台和线下智能财务实验室等对人才需求层次进行精准分析，对企业业务处理进行实时展示，能够对人才培养效果进行实时交流，对学生实操进行线下指导，从而实现人才需求与供给的无缝对接，这对提高高校财

会人才培养质量有着至关重要的作用。

（二）产教融合人才培养的必要性

现阶段高校财会人才培养模式普遍比较落后，课程设置仍然偏重于基础核算，管理会计、决策会计等价值创造型财务课程设置较少；同时，实验设备达不到智能化水平，实践培养效果较差，培养的毕业生无法满足已经进入智能财务时代企业的需求。在智能财务的背景下，财会人才不仅需要具备扎实的财会专业知识，而且更需要掌握综合性的跨学科知识，懂得如何将新技术运用于财务流程处理。传统的培养模式不能满足智能财务发展的需要，而产教融合可以深化高校与企业之间的联系。高校通过与企业的沟通交流了解企业最新的人才需求特点，进而有针对性地培养人才，从根本上解决现有人才培养脱离社会需求的问题；同时，还要加强产教融合，发挥企业在教育中的重要主体作用，促进人才培养供给侧和需求侧的有效对接，有利于加快建设先进人才队伍，可以填补人才需求缺口，为企业智能财务发展提供有力支撑。综上所述，产教融合是智能财务时代高端财会人才培养的必然选择。

（三）产教融合人才培养优势

产教融合是指高校与企业在人才培养、技术研究、成果转化等多个方面密切合作，把学校办成集人才培养、科学研究、科技服务为一体的产业性经营实体。产教融合人才培养需要高校发挥主导作用、企业发挥主体作用、政府发挥支撑作用，形成"三位一体"的人才培养体系模式。产教融合培养机制充分融合了供给与需求，强调联合培养、互利共赢，解决人才培养供给侧与需求侧的不平衡问题。高校拥有优秀的师资团队，企业拥有先进的技术和雄厚的资金实力，校企合作可以实现信息共享、人才融合、共享研究成果。

1.有利于高等院校学科专业的动态调整

国务院办公厅印发的《关于深化产教融合的若干意见》（国发办〔2017〕95号）中明确指出，要建立完善的需求引导性人才培养模式，还要注重企业的人才需求标准、人才评价标准，把市场供求比例、就业质量作为学校设置和调整学科专业、确定培养规模的重要依据。在智能财务背景下，高校应充分把握财会行业发展现状趋势、企业财会人才需求状况，能够及时调整人才培养目标与人才培养方案，加强智能财务相关课程设置，完善智能财务学科建设；借助企业前沿信息，将最新的研究成果、实际案例编入教材，建立适应产教融合的课程体系，建立现代化的实训、实践基地，模拟企业真实场景，培养学生的实践能力。

2. 有利于扩展学生的实践场所，提高学习质量

在产教融合的培养环境下，企业与学校可以共同建立实训基地、智能财务实验室等，为学生提供实践场所。与传统教育模式不同，学生可将理论知识与实践相结合，真正做到学以致用。实践基地可以模拟企业场景，可以使用真实的企业案例培养学生的思考能力和动手能力，全面提升学生的工作能力。

3. 有利于建立"双导师"培养方案

产教融合有利于高校与企业的人力资源整合。高校教师与企业高级技术人员、管理人员共同建立"双导师"制度，导师之间的相互交流将提升师资团队的专业素养。高校教师传授专业理论知识，企业导师传授实践经验、行业前沿知识，以及企业文化、职业素养、职场礼仪等直接与工作相关的知识，夯实学生的财会专业知识，并可以提升他们的实践能力。

4. 有利于满足区域行业企业人力资源开发的需要

产教融合人才培养模式实际上是需求导向型人才培养模式，企业参与人才培养，根据自身需求与高校合作培养人才。在复合型高端人才缺乏的情况下，该模式能够以较低的成本获得更多的符合企业要求的人力资源，有助于提升企业的竞争力。

5. 有利于提升企业形象和创新能力

企业与高校合作有助于企业提升自身品牌形象，能够提高社会公信力。

企业与高校合作，能够实现一线骨干技术人员的技能提升、管理人员的学历提升、普通员工的技能培训，提高企业整体员工的综合素质水平，从而提升企业创新能力。

四、产教融合人才培养体系建设

产教融合人才培养体系建设要充分发挥企业的主体作用，将企业的人力资源、经济资源充分分配到人才培养上，人才培养的全过程要与企业紧密联系，在人才培养环节、就业指导环节、就业毕业环节深化产教融合，还需要充分利用校企资源。

（一）完善教学基础设施

高校培养学生的基础条件是学习环境的完善。高校要培养具备创造力、思维活跃的现代化高端财会人才，建设具有创新性、灵活性、开放式的新型教室和创建完善的在线学习环境是必不可少的。所以，高校应加强校园硬件设施条件改造，可以通过校企合作重构智慧教育教学环境。

对于线下学习环境的改造，高校应该借助企业资源完善智能财务教学环境的信息化基础设施，打造信息化教室，改善教学环境。此外，高校要加强基础设施建设，改造教室、实验室等外部环境，通过环境的优化来影响学生的思维方式。

对于线上教学平台改造，应强化网络教学的一体化、个性化、数据化、智能化特征。首先是一体化，线上教学可以作为线下教学的有效补充，因为线下教学总是有不完善的地方，应通过线上的正式和非正式的学习进行互补，实现线上与线下一体化教学。其次是个性化，线上教学可以根据学生个人的兴趣爱好和发展特点来打造量身定制的课程体系。再次是数据化，高校可以通过数据挖掘和大数据分析，可以挖掘出隐藏的教育信息。最后是智能化，高校要利用现代科学技术，如将人工智能的语音识别、图文识别等融入学生培养方案中。

（二）重构课程体系

国务院印发的《统筹推进世界一流大学和一流学科建设总体方案》中明确指出，培养拔尖创新人才是"双一流"建设的主要任务之一。智能财务需要具有学科融合、学科交叉背景的学生。因此，在课程体系建设时，高校要考虑多学科课程的交叉融合。

对于教学课程安排，高校应该在财会专业课程的基础上，增加大数据、云计算、人工智能方面的课程，如与大数据技术相关的 Python 基础、概率与统计、大数据技术平台、数据可视化、机器学习等。高校要培养学生数据挖掘、大数据分析与管理的能力，为今后的人机协同工作打下基础。同时，还可以结合云计算、人工智能的技术和方法，高校要充实和完善现行的会计信息系统类课程。

对于教学方式安排，高校应适当减少课堂教学，强化实操环节，实践课程不得少于教学课时的 50%；同时，采用"线上 + 线下"教学模式，还可以充分利用线上和线下教学资源，创造便捷的学习环境。

对于教学模式安排，高校应采用"双向流动"教学模式。企业可以邀请学生进入企业内部参观、学习、实践等。高校可以邀请企业的高级技术人才和管理人员进入校园定期开设职场课程，或者举办实操讲座、求职讲座等。

（三）打造优质师资团队

拥有高端财经人才、高质量的师资团队是高校不可或缺的重要因素。高校应当加强与企业的合作力度，高效利用产教两侧优秀的教师资源，来打造高质量师资团队。在产教融合办学条件下，高校的专业教师团队应与企业的高端技术人才、管理人才深度融合，建立一支高水平的师资队伍。高校教师提供过硬的专业理论知识，企业高管技术人员传授前沿专业技术知识。企业管理人才的加入可以培养学生的管理能力、组织能力和综合能力，还可以开阔学生的视野，使学生与企业接轨。

（四）加强实践平台建设

在智能财务背景下，高端财会人才必须熟练掌握现代信息技术，还必须能够熟练运用这些技术，并在工作中实践。现代化智能财务实验室或会计实验室是培养学生能力的重要场所。为培养具备会计数据分析能力的智慧型、创新型的应用复合型人才，高校可与企业合作共建"智能会计实验室"或者"实训基地"，争取使培养的毕业生可以胜任大中型企业、行政事业单位的现代会计分析工作，能够运用智能化工具发挥管理会计的规划、决策、控制、评价职能，为管理决策者提供会计辅助决策信息，还可以更好地满足智能财务人才需求。高校还应结合人工智能和大数据的原理与技术，借助合作企业的支持，持续改进现有实验、实践条件，为学生提供人工智能和大数据情境下实际操作的机会。

（五）建立信息共享机制

校企双方可以利用云计算、大数据、移动互联网等技术手段建立产教融合信息共享机制。信息共享包括高校信息和企业信息两个方面。一方面，企业可以通过信息共享平台提供线上教学、实践实操演示视频等，也可以在平台上及时发布行业前沿信息、企业内部活动、企业招聘等信息。另一方面，高校可以将学校的教学视频、科研成果分享至共享平台，为企业员工在职教育提供帮助。

信息的内容一般分为五大模块：①在线学习模块。在该模块中，高校将提供校内课程以及其他与财会专业相关的教学视频。在校学生可通过在线学习，丰富自己的专业知识；企业员工可在线完成继续教育课程，弥补自己理论知识不足的问题，同时还可获取更高的学历。②在线演练模块。在该模块中，由企业提供实践、实操演示视频，并设计仿真模拟试题。学生可在移动端观看实操演练，完成实操试题，置身于实际场景中，提高自己的实践能力。③在线交流模块。学生、教师、企业导师三方可通过该模块直接联系，进行互动交流，快速帮助学生解决疑问；同时也有助于教师了解行业的实际发展情况，从而实现研究成果的快速转化。④求职招聘模块。企业可通过该模块定期发布暑期实践招聘、毕业生专项招聘等信息，为学生提供实习、求职渠道，实现企业与学生的信息互通，帮助学生完成就业。⑤行业信息模块。该模块主要发布行业前沿动向，推送智能财务相关讲座、会议以及公司实际案例等相关内容，让学生更加了解行业前沿，开阔学生的视野。

总之，高校要以"优势集聚、资源共享、互惠共赢"为基本原则开展产教融合人才培养模式。在这种模式下，高校可以利用企业资源完成学生的学习环境及实验、实践条件的提升。这对学生的学习、科研、实习、就业等都能够起到很大的帮助作用。同时，企业也可以利用高校人才优势帮助自己解决实际问题。

第二节　财会专业人才培养的教学实践

"大智移云物区"等现代信息技术迅猛发展，将掀起新一轮产业变革，财务领域也正在发生翻天覆地的变化。2017 年，国际"四大"会计师事务所相继推出了财务机器人，如金蝶推出的财务机器人"小 K"、用友研发了"财务云"。传统会计行业的变革慢慢拉开了序幕，财务行业正在步入智能财务时代，智能财务已成为了财务领域新的发展方向。在智能财务时代，会计职业能力要求发生了重大变化，会计工作转型势在必行，企业对会计人才提出了更高的要求，高校会计专业人才培养要能满足企业的需要。会计实践教学是会计人才培养的重要环节，亟待进行改革与创新，以便使学生更加具备新时代变化下的岗位胜任能力。

一、智能财务时代高校会计专业实践教学改革的必要性

（一）适应会计转型升级的需要

随着人工智能技术在财务领域的应用，大量基础性、重复性的会计核算

工作将由财务机器人来完成。会计人员要向管理会计、分析决策方向转型，工作重心要转移到价值创造上。会计实践教学迫切需要改革原有培养只懂软件操作人才的教学体系，适应会计转型升级的需要。

（二）适应企业对会计职业能力新要求的需要

在互联网时代，知识加速更新，会计工作不断变化，企业对财务人员的能力要求也在提高，会计人才除了要掌握专业知识和技能外，还要具备很强的学习能力、信息数据处理与分析能力、智能技术的应用能力。会计专业实践教学关乎学生的职业胜任能力。为了适应未来工作的需要，学校应当改革传统会计实践教学体系，来帮助学生加深对智能技术的理解和学习，提高学生运用智能财务软件的水平，以适应会计职业能力的新要求。

（三）适应会计工作业财融合的需要

目前，学生使用的各个会计实践教学平台基本上都是独立的。一个实践教学平台只能解决某一方面的问题，并没有体现财务转型后的业财融合与财务信息共享。学生缺乏整体分析问题、解决问题的能力。在实际工作中，了解业务是财务核算和管理的基础，财务人员只有基于对业务深刻的理解才能做出正确的财务判断。学校需要对会计实践教学体系进行改革，让学生理解并适应会计工作业财融合的需要。

二、当前高校会计专业实践教学中存在的主要问题

（一）实践教学目标脱离企业实际岗位需求

有些高校将会计人才的培养目标定位于培养能够从事出纳、财务会计、成本会计等会计核算岗位的高素质技术技能型人才。这造成了以会计核算能力为核心的初级财务人员比例过高，而掌握智能财务技术且具有财务分析综合能力的人才比例过低的结果。会计实践教学目标与企业的实际需求匹配程度不高，仍然定位为会核算、懂操作，层次不清晰，没有形成体系，缺少分阶段实施的实践教学目标。

（二）实践教学课程体系缺乏整体规划

目前，高校会计实践教学课程缺乏系统规划，没有形成立体化的实践教学体系，主要是单一实验实训课程，是由各门会计专业课相对独立的实验项目组成，以"理论＋实验实训"的课程形式普及率较高，各专业课程之间的实践环节缺乏有机联系，课程之间有重复设置的实践内容，实践内容没有明显差异，专业综合实践课程比例较低，学生的综合应用能力培养方面体现不足。

（三）实践教学课程内容滞后于企业应用

高校的会计专业课程内容仍是以会计核算的基础知识为主，还是缺乏财务大数据分析和管理决策类课程；实践技能还是以基础性会计技能为主，注重软件的简单操作，没有结合企业的业务背景和流程设计教学内容，所以导致学生只会操作，不懂软件系统应用的逻辑，且教学使用的平台是企业正在淘汰的传统信息化软件。企业所使用的财务软件已经在更新换代，逐渐以财务云平台或智能财务软件为主，教学内容没有紧跟智能财务背景下所需要的最新知识和技能的革新步伐。

（四）实践教学环境与设施陈旧落后

但是实践教学环境比较落后，还是以传统的实验室机房为主，缺少真实的会计岗位工作教学环境，智能财务应用、财务共享实训、财务大数据分析等会计智能化实践教学设施和环境并未建立和形成。

（五）实践教学师资力量不足

目前，许多高校的会计教师的理论水平较高，实践能力欠缺。部分高校会计专业一线教师的调查结果显示，只有约15%的教师有企业工作经验，约85%的教师都是毕业后直接进入高校从事会计教学，会计实战经验不足。很多教师不能敏锐地感受到会计行业的变革，更没有及时掌握会计智能化技术，实践指导教师的实战经历和业务能力直接影响了会计实践教学的效果。

三、智能财务时代高校会计专业实践教学改革的建议

（一）重塑智能财务背景下高校会计实践教学目标

在智能财务背景下，为适应会计人才转型的需求，会计实践教学目标要适应智能财务时代会计工作环境和方式的变化，以企业对会计人才的职业能力要求为出发点，把会计实践教学目标定位在职业综合素养和专业综合能力两方面。职业综合素养目标主要包括了塑造工匠精神、培养职业素养、拥有良好的战略思维和创新能力，兼具团队合作、沟通交流、环境适应及终身学习等多项综合能力。专业综合能力目标主要包括掌握会计核算、数字化管理会计、会计信息系统、智能会计技术与应用、财务共享服务业务处理、财务大数据分析等知识和技能，专业技能目标与岗位实践技能需求相匹配，形成分年级、分课程、多层次的体系化实践教学目标。

（二）构建智能财务人才培养实践教学课程体系

高校应基于企业视角和行业标准，以会计岗位能力需求为出发点，构建分阶段、分课程、多层次的智能会计人才培养实践教学课程体系。整个教学体系主要分为职业素养实训、专业基础实训、专业核心实训、专业综合实训四大环节。其中，"职业素养"阶段主要是在一年级融入创新创业通识教育的素质训练，会着重完成会计人才自我认知、会计职业与岗位认知，了解企业经营运作流程。"专业基础"阶段主要是在一年级和二年级开设基础会计、财务会计、成本会计、税务会计、财务管理等系列课程，以先进的理实一体化平台为依托，全方位地塑造高度仿真的实训环境，完成本专业基础课程的知识和技能积累。"专业核心"阶段主要是在二年级，以智能财务岗位的工作任务和工作流程为课程主线，重点开设会计信息系统、财务共享服务、数字化管理会计、财务大数据分析、智能财务技术与应用等实训课程，加强智能财务和共享服务模式的会计岗位实训，将业务与财务、核算与管理、会计与新技术深度融合，为学生适应企业财务转型打下坚实的基础。"专业综合"

阶段主要是在三年级，以跨专业综合实践教学平台为依托，营造虚拟的商业社会环境，让学生学会综合运用管理类相关专业知识进行仿真业务经营，从而训练学生的决策分析能力、团队协作能力，培养学生的战略思维、全局意识和综合职业素养。

（三）更新和创新实践教学课程内容

会计实践课程内容的更新和创新可以通过如下途径实现：①更新现有实训课程内容，现有的理实一体化实训课程不局限于完成实训资料中的任务，而应设计真实的工作场景，让学生去开展真实的会计岗位工作，应该及时了解国家现行的各项财税政策变化。对于会计信息化实训课程，不是教师先演示，学生只是机械地练习，而是可以通过抛出企业诉求或工作任务，来引导学生去思考，去尝试满足企业的业务或管理诉求。②增设新课程，如财务共享服务、数字化管理会计实训、智能财务技术与应用、财务大数据分析，这些是智能会计中出现频次最高、应用性最强的课程。③实践课程与职业素养相融合，开设会计职业性格认知、会计职业与岗位认知、企业经营管理沙盘、创新创业通识教育等课程。

（四）搭建虚拟仿真的实践教学环境

根据重构的会计专业实践教学体系要求，改造和整合现有的会计专业实验室资源，全新规划建设智能财务实践教学示范基地，下设职业素养培养中心、会计专业能力训练中心、财务共享服务中心、智能财务实训中心、财务大数据分析中心、财务综合能力训练中心。实践教学的软硬件设备主要是匹配实训室课程，适应现代学生的学习特点，采用分组式课桌，计算机设备采用先进、环保的云桌面，配置数据展示大屏、增强现实感知设备、机器人流程自动化设备、财务大数据分析平台、财务共享服务平台、智能财务实践教学平台等仿真训练的软硬件设备，构建仿真的智能财务中心工作环境，来实现会计实践教学的虚拟仿真与虚拟现实相结合。

（五）提升会计实践教学师资能力

为提高会计专业实践教学质量，可以让会计专业学生具备较强的实践能力，高校需要打造一支高素质的"双师型"教师团队。①应定期组织教师参与有关智能会计的培训，掌握最新的智能会计领域知识和智能会计技术的应用。②积极鼓励一线高校会计教师在寒暑假到大型企业的财务部门进行顶岗实践，深入了解智能财务时代的企业会计人才需求，将企业真实的智能会计应用案例引入课堂，丰富教学内容。③聘请有丰富的智能财务平台建设经验的企业财务部中高层管理人员担任高校实践教学的企业导师，能够促进校内会计专业教师与企业实战导师的交流，进一步提升高校的会计专业师资水平。

新技术不断推动会计行业的发展。随着智能化时代的到来，会计人才需求、岗位职责等方面发生了变化，会计专业实践教学必须顺应智能化时代发展潮流，构建创新型智能会计人才实践教学课程体系，与时俱进地更新实践教学课程内容，在学生职业综合素养和专业综合能力的培养上下功夫，可以培养新时代适应经济发展的智能财务人才。

参考文献

[1] 楮福录 . 管理通论 [M]. 北京：经济科学出版社，2004.

[2] 姜红波 . 电子商务概论 [M]. 北京：清华大学出版社，2009.

[3] 王学东 . 企业电子商务管理 [M]. 北京：高等教育出版社，2002.

[4] 吴清烈 . 电子商务管理 [M]. 北京：机械工业出版社，2009.

[5] 李海刚 . 电子商务管理 [M]. 北京：上海交通大学出版社，2009.

[6] 石径远 . 山河智能财务可持续增长研究 [D]. 长沙理工大学，2018.

[7] 顾鹏程 . 智能财务助力双碳目标实现的机理、架构及路径研究 [D]. 南京信息工程大学，2022.

[8] 郑佳雪 . 集团型企业智能财务转型的策略与路径研究 [D]. 哈尔滨商业大学，2021.

[9] 梁丹 .ZN 集团智能财务建设的路径与效果研究 [D]. 内蒙古大学，2022.

[10] 黎燕燕 .BW 集团财务智能化建设研究 [D]. 桂林电子科技大学，2021.

[11] 曲园方 .JTZ 集团财务共享体系优化研究 [D]. 北京交通大学，2022.

[12] 肖聪 . 智能财务决策支持系统构建及应用研究 [D]. 江西理工大学，2020.

[13] 杨霁莞 . 复杂约束条件下智能财务共享中心实现路径研究 [D]. 重庆理工大学，2021.

[14] 何昱衡 . 动态演化下的智能财务共享中心功能需求评价研究 [D]. 重庆理工大学，2021.

[15] 杜姗 . 智能财务共享中心功能需求的评价机制研究 [D]. 重庆理工大学，2021.